TERAPIA DINÁMICA CON LOS CHAKRAS

Plutón
Ediciones

COLECCIÓN
Centinela

DR. KEITH LEWIS

TERAPIA DINÁMICA
CON LOS CHAKRAS

Diseño de cubierta y maquetación: Saul Rojas Blonval

Edita: Plutón Ediciones X, s. l.,

           E-mail: contacto@plutonediciones.com
           http://www.plutonediciones.com

I.S.B.N: 978-84-10233-71-3
Depósito Legal: B-16585-2024

Impreso en España / Printed in Spain

*Para Jenny y Alex,
por su eterna y agradable
hospitalidad.*

AGRADECIMIENTOS

Agradezco su inestimable colaboración a la vidente Adriana Martínez Pérez; a los hermanos Ferrán y Maribel Romanos, quiromasajista y acupuntora respectivamente del centro Kryon; al profesor T'sao Chan, experto en terapias orientales; a Shakti Adín, maestra de reiki y danza hindú; a Amrick, el danés amante del zen; al gurú que no quiere ser gurú, Swami Vierjananda Aipat, sabio y curioso conocedor de las más diversas ciencias oficiales y terapias alternativas, y, por supuesto, a mi maestro, Wilhelm Reich, porque sin sus investigaciones no hubiera sido posible este libro. Gracias a todos ellos.

PREFACIO DE LA PRIMERA EDICIÓN
LA LUZ DE LO ALTERNATIVO

Cuando todo parece
oscuro y perdido,
siempre brota
la chispa
que se convierte en el fuego
de lo alternativo.
T'SAO CHAN

En una época en que la informática, la tecnología y la ciencia parecen ser la panacea y hasta la religión de la actualidad, podría parecer que las ciencias y las terapias alternativas no tendrían razón de ser, y, sin embargo, es ahora justamente cuando más alternativas necesitamos para enfrentar el mundo diario tan estresante y competitivo.

No cabe duda de que la medicina alopática y oficial del mundo occidental ha hecho verdaderos avances y contribuciones a la salud y a la longevidad de las personas, pero aprovechando sus miedos y haciéndolos longevos para exprimirlos más, no para que vivan esa longevidad felices y contentos, sino dependientes de las drogas médicas y de los profesionales que se las recetan, y con el eterno temor a enfermar y a morir, rentables enfermos y dolientes crónicos. Gran negocio.

Cuando uno utiliza la palabra «alternativo» en nuestros días, parece que está hablando de una nueva religión o de una tendencia desvelada de la ecología, algo exagerado, emocional y poco funcional, o, como dirían nuestros padres y nuestros abuelos, de algo que no tiene fundamento.

La metodología científica occidental pone en tela de juicio todo aquello que no sea oficial, pero no todo lo que en realidad no sea científico. La medicina, por ejemplo, sigue siendo más un arte que una ciencia, porque no basta con hacer las cosas protocolariamente bien para que tengan un resultado satisfactorio, es decir, que no siempre se puede reproducir en el laboratorio la bondad o las deficiencias de un tratamiento médico.

La medicina oficial occidental se arroga el derecho de poner en tela de juicio ciencias médicas tradicionales y funcionales como la acupuntura y la homeopatía, como si la alopatía, o medicina oficial occidental, tuviera la exclusiva sobre el funcionamiento del cuerpo humano.

La acupuntura, que lleva funcionando correctamente varios miles de años y que se aprende como cualquier otra ciencia, no tendría que demostrar su validez ante las estructuras occidentales, y, sin embargo, ha tenido que luchar mucho para lograr un lugar respetable entre la farmacopea y la medicina occidentales, y aún sigue luchando para que la gente no la considere una superstición exótica.

Y si la acupuntura, con profesionales correctamente formados y una eficacia probada a través del tiempo y el espacio, aún tiene dificultades para ser reconocida como una ciencia médica con todas las letras, qué les puede esperar a otras ciencias alternativas que aún están abriéndose paso entre las mentes occidentales.

En la medicina ayurvédica, por ejemplo, la enfermedad se contempla desde un punto de vista más devocional y espiritual que físico, y al ser humano se le considera más un todo en relación con el cosmos, que una fracción que enferma parcialmente, es decir, que no observa la enfermedad como la deficiencia de una sola parte del organismo o de la persona, sino como una mala conexión interna que interfiere en la comunión del ser humano con el cosmos.

Cuando un médico occidental oye estas palabras se lleva las manos a la cabeza y se burla de quién las pronuncia, como si él supiese cómo y porqué un cuerpo enferma, y cómo y porqué se cura.

En realidad, la medicina occidental no es más que

la aplicación de dos grandes ramas operativas: la far-macopea tradicional basada en remedios con hierbas (ahora drogas convertidas en inyecciones, pastillas y píldoras) y la intervención quirúrgica o traumatoló-gica; es decir, en un conocimiento empírico aplicado, y en una técnica mecánica.

El médico de hoy en día es igual al médico brujo de la tribu de hace miles de años ante los ojos del paciente que lo pondera y diviniza, o lo maldice y sataniza, cuando en realidad no es más que un mecánico que no sabe prácticamente nada de las dolencias y males del paciente hasta que algo se rompe en el organismo, y como un mecánico de coches actúa: si falta aceite, añade o cambia aceite, de la misma manera que se añade o se cambia sangre; si falta combustible o hay exceso de combustible, recomienda que se disminuya o aumente el consumo; si una parte está deteriorada, la cambia por una nueva; y si simplemente hace falta limpiar algo o dejar que pase un poco de tiempo para que la máquina descanse y vuelva a funcionar por sí misma, pues limpia la parte afectada o espera a que pase el tiempo y todo vuelva a su lugar.

Si falla la conducta, se recurre al mecánico especia-lizado que es el psicólogo; si falla el cerebro, al neuró-logo o al psiquiatra; si fallan los riñones, al urólogo; y si fallan los dientes, pues al dentista, dividiendo cada vez más el trabajo y al mismo paciente, en lugar de integrarlo en un todo.

Por supuesto, por bien que haga las cosas el mecá-nico, y por bien que siga la técnica o aplique la expe-riencia, hay ocasiones en que la máquina, humana o mecánica, deja de funcionar sin atender a razones matemáticas, científicas o racionales.

La terapia dinámica con los chakras, como muchas otras ciencias alternativas, trabaja intentando armo-nizar, equilibrar e integrar al ser, primero en sí mismo y después con el resto del universo. Podríamos decir que la terapia chakra pretende la unión y sincronización del cuerpo, la mente y el alma, y en última instancia el espíritu; la unidad y buena conexión entre todos los chakras; y finalmente la elevación espiritual que armonice al ser humano con su ambiente, sus emociones y la divinidad, si cree en alguna; o, en resumidas cuentas, con el cosmos que le atraviesa y envuelve.

Por tanto, la pretensión que tiene esta obra es divulgar entre los lectores, de una manera clara y sencilla, cómo funcionan los chakras y qué pasos básicos debemos seguir para armonizarlos, ya que a partir de dicha armonización podemos prevenir la enfermedad así como recuperar la salud, teniendo en cuenta que la terapia chakra se basa en la medicina ayurvédica, una ciencia tan funcional, seria y milenaria como la acupuntura, y no en ideas desveladas que se le han ocurrido a un grupo de iluminados hace tres o cuatro días.

Y todo esto no lo digo solo yo, sino todo un psicoterapeuta, un médico que inició su andadura de curación y dedicación a los demás dentro de la medicina oficial y que poco a poco se ha ido decantando por las ciencias alternativas, siguiendo los pasos de Wilhelm Reich en su estudio de los «acorazamientos», el doctor Keith Lewis.

J. T. R.

Prólogo a la segunda edición: El poder inefable del Karma

*Dentro de tu ser
tienes las herramientas
naturales
para despertar
y ser realmente
tú mismo.*
MAHAVIRA

¿Karma y chakras?

Sí, el karma es cualquier acción, pensamiento, sentimiento o emoción que realices, y se expresa a través de los vórtices de energía llamados chakras en busca de la compensación y el equilibrio entre mente, cuerpo y alma, e incluso espíritu en algunos casos, con el darma como herramienta de reacción.

Todo lo que hacemos, sentimos y pensamos produce karma que tiene efecto en nuestra vida diaria, que se compensa con el darma, a veces de manera inmediata, y otras veces, según la teoría de la reencarnación, en una próxima vida.

Los chakras, al ser fuentes de energía activa, producen karma constantemente, ya sea positivo, negativo o neutro, y lo compensan con el darma que es la consecuencia positiva, negativa o neutra de la acción.

Cuando hay desequilibrios entre el karma y el darma, se producen las enfermedades, que son como purgas del organismo, la mente y el alma, para encontrar nuevamente el equilibrio.

Entonces se dice que los chakras se bloquean o se desalinean, pues el karma que producen no encuentra el darma que los equilibre.

Por eso el karma tiene el poder inefable de mantenerse siempre activo y productivo, para bien o para mal, y es necesario buscar la forma de conducirlo por los cauces más sanos y positivos posibles.

Lo que hacemos, pensamos, decimos y sentimos tiene poder, bueno, malo o neutro, desde esos centros de energía que conocemos como chakras, y en sus consecuencias obtenemos la salud o la enfermedad.

Quizá no me expliqué con suficiente claridad al respecto en la primera edición del presente libro.

Esta es la segunda edición de *Terapia dinámica con los chakras*; la primera versión, fue escrita y publicada hace más de veinte años (en enero del 2000), por lo que tengo muy vagos recuerdos de ella.

Recuerdo que en la portada de la versión española aparecía mi hijo recibiendo un tratamiento de alienación de chakras con piedras semipreciosas; recuerdo que el editor, fue mi paciente debido a una profunda depresión. Cosas de enfermos que prefieren sufrir su mal a enmendar el camino, lo que no es nada raro para los que nos dedicamos al sagrado arte de sanar. Sí, por extraño que parezca, hay enfermos que prefieren morir antes de ayudarse a sí mismos.

Hay enfermedades que no se curan ni con los años porque el enfermo no quiere curarse.

Y no es que yo crea en el karma por una cuestión religiosa jainista, budista o hinduista, sino porque a toda acción corresponde una reacción en sentido inverso para equilibrar las fuerzas, como cité en la primera versión de este libro, y que es causa de muchas enfermedades y males, no solo de conciencia, porque el infractor a menudo la esconde o la pierde; sino del todo orgánicos, como veremos más adelante, aunque cabe hacer unas reflexiones al respecto, porque algunas de ellas fueron críticas que se me hicieron en la primera versión y que yo no tuve la oportunidad de contestar en su momento. He aquí algunas de aquellas críticas:

IMPUNIDAD

Felicidades por su libro, pero hay que ser realistas, porque no hay nada que envalentone más al ser humano que la impunidad a pesar de sus actos negativos, porque la impunidad es el máximo símbolo del poder, hacer todo el mal que puedas hacer, y encima reírte de ello, burlarte de los que han sucumbido a tus maldades, y seguir haciendo daño impunemente, total, nada ha de pasarte y el karma no equilibra nada.

¿Y EL KARMA?

No hay evolución de los chakras ni mejoras profundas en el ser humano, Dr. Lewis, pues no faltará quien diga, atinadamente, que el karma, como los pecados y los castigos, o las compensaciones por cada acto que realicemos, es para los pobres, los creyentes y los débiles mentales o emocionales, ya que en realidad nada pasa a los que están por encima de todo, que viven tan alegres y tan campantes a pesar de sus terribles y múltiples atrocidades.

No les pasa nada, viven en el lujo y gozan de todo lo que hay en este mundo, mientras que los buenos, los pobres y los que no tienen poder, viven como pueden y se les castiga al menor error, crimen o pecado.

Es más, los pobres en cualquier sentido se fustigan a ellos mismos cuando creen que han pecado o cometido un delito, como el joven protagonista de Crimen y castigo, pues tienen esa cosa de sentirse culpables, como una moral, una conciencia o un adoctrinamiento religioso, que les impele a buscar el castigo para sus errores o sus malas obras.

Los poderosos no se sienten culpables, y ni sufren ni se acongojan por sus faltas y por sus excesos, para ellos no hay castigo ni karma que valga, son felices y longevos y nada ni nadie los orilla a sentir otra cosa que orgullo por sus desatinados denuedos. No tienen límites.

No pueden volar, es cierto, pero cuentan con aviones y hasta naves espaciales para hacerlo.

Enferman como todo el mundo, y a veces peor, pero cuentan con todas las drogas y todos los médicos para saltear la situación.

No necesitan ni siquiera dinero, porque el dinero de todo el mundo es suyo, así como los bancos, los gobiernos, las industrias y los comercios.

Viven en la gloria y no les importa saquear y masacrar a otros pueblos.

Ellos deciden el destino de la humanidad sin que nada ni nadie pueda detenerlos.

El mundo es suyo, y nosotros no somos más que carne de cañón, una turba miedosa y sumisa que se rinde ante ellos.

No hay dios que los amedrente ni karma que los detenga.

Tienen enferma el alma, obviamente, pero se ríen y aseguran que nosotros somos los enfermos, y que no tenemos alma ni cerebro, que somos unos animales más, como los insectos y los cerdos, y que solo servimos para alimentarlos, ser sus esclavos y sus juguetes, pues nada podemos hacer para evitarlo.

Son nuestros amos y hacen de nosotros lo que les apetece, y cuando les apetece.

No pagan por nuestros servicios, solo dejan que seamos nosotros mismos los que nos afanemos en comer, comprar y vestir, creyendo que son ellos los que nos lo dan todo a cambio del esclavismo y el esfuerzo de servirlos.

Si ellos ganan, gritamos ¡ganamos!

Y si pierden, ellos nos gritan ¡perdieron!, así que tenemos que pagarlo nosotros, porque en realidad ellos nunca pierden.

El karma se diluye en el entramado de las jerarquías, mientras ellos se divierten observando cómo nos comemos los unos a los otros, y aplauden al que medra más y abandona sus escrúpulos pensando que, de esa manera, se acerca a ellos, como tanto aspirante a monarca, rey y presidente de gobierno.

¿CUÁNTOS PRESIDENTES DE GOBIERNO HAN MUERTO DE FORMA NATURAL EN EL EJERCICIO DE SU MANDATO?

Muy pocos, a pesar de sus latrocinios, cobardía, maldad y descaro.

A algunos los elimina el accidente o el asesinato, como a los antiguos reyes, cuando dejan de ser gratos a la élite, a la que no le importa el estilo o la ideología, sino la sumisión de los que se creen dueños y solo son títeres, y que a su vez piden lo mismo de sus súbditos, sumisión o muerte.

Sí, la muerte es lo único que nos iguala a todos, al menos es lo que parece, porque quizá las élites ya han encontrado el elixir de la eterna juventud, o de la vida eterna bebiendo del Santo Grial, y se aburren de estar presentes en este mundo.

Quizá vivir para siempre sea su karma y su final castigo, así como para el resto de nosotros puede ser la muerte tras una vida mal vivida.

¿Teorías de la conspiración, o incómodas realidades?

No lo sé, pero hoy, veinte años después, les tengo respuesta:

KARMA Y RESPONSABILIDAD

¿Somos o no somos responsables de nuestros actos?

Sería mi respuesta a muchas de las críticas que se me hicieron, pues en lugar de mirar y compararte con otros, deberías ser responsable de ti mismo y de tus actos, y no pensar que el mal, o el bien, que hacen y producen otros es culpa del karma porque no actúa como crees que debería actuar.

La riqueza es un concepto que se asocia con tener dinero o bienes materiales, pero en realidad la verdadera riqueza consiste en ser y estar feliz, algo que el dinero y los bienes materiales no han conseguido nunca, ni lo van a conseguir, pues del orgullo, la vanidad y la puntual alegría de tenerlos, se pasa fácilmente a la depresión, la ansiedad, la envidia de la sonrisa ajena y a la enfermedad del alma, de la mente y del cuerpo.

Los ricos son muchos menos en número que los pobres de este mundo, y, sin embargo, son los que más enferman de males terminales como el cáncer, el suicidio, los infartos y la diabetes.

También son los que más se drogan, beben y comen mal y en exceso.

El problema es que muchos pobres aspiran a ser ricos monetariamente, y cuando consiguen un pequeño puesto de poder, enloquecen y dejan de ser quienes eran, se transforman en seres pusilánimes, prepotentes y corruptos, y sus triunfos no son suyos, sino de sus jefes, de sus amos, de sus pastores, de sus políticos, de sus deportistas y de sus artistas famosos, pero no de ellos.

Entonces traicionan a sus hermanos, amigos y familiares, incluso a su pareja y a sus hijos, y hasta los asesinan llegado el caso, y se convierten en sicarios del mal o de sus patrones.

Tanto es así, que se puede decir que buena parte de la humanidad, que no toda ni mucho menos, está enferma y está creando un pésimo karma para sus chakras y para su salud mental, física y emocional.

Este tipo de enfermedad social se debe en buena parte a la educación que recibimos desde la infancia, una educación que está basada en ilusiones, falsos valores, mentiras interesadas, prejuicios y engaños, en lugar de hacerlo sobre realidades, valores claros, sinceridad, razonamiento y tolerancia verdadera donde todos nos reconozcamos como hermanos y no como competidores en donde el otro siempre es el malo, el equivocado, la competencia, la amenaza.

Tomar consciencia de quiénes somos y dónde estamos, no es tarea fácil, pero tampoco es imposible, y dentro de nosotros, en nuestro propio organismo, tenemos las herramientas para conseguirlo, como los chakras, solo hay que despertarlos y ver cómo actúan sobre nuestro ser, para limpiar el karma negativo que producimos y que nos han impuesto desde niños.

Personalmente, lo intento cada día, pues, al menos en mi caso, hay mucho karma que depurar y que pagar, incluso en este mismo instante, y mantener mis chakras en orden y en buen funcionamiento es indispensable.

Te invito a que hagas lo mismo, no cuesta nada y sus beneficios son increíbles.

DR. KEITH LEWIS

Introducción
Qué es el hombre

El hombre
es la voluntad
de ser y estar:
el alma de un mundo
que no ha creado.

ZARATUSTRA

Filósofos, antropólogos, sociólogos, arqueólogos, humanistas, pensadores, escritores, investigadores, teólogos y científicos de todas las épocas han querido responder a esta pregunta, pero nadie ha podido hacerlo del todo, nadie ha tenido una respuesta satisfactoria.

¿Qué o quién es el hombre?

Definirlo como un bípedo a secas no es suficiente, pero señalarlo como un ser especial y espiritual también parece tan irreal como desmesurado.

Hay quien lo señala incluso como un ser plantado en esta tierra por dioses o extraterrestres, como si de un mal experimento genético se tratara. Los raelianos de Jean Claude B¡Vorilhon, con sede en *Ufoland* (ovnilandia), Canadá, mantienen esta tesis no solo con los dogmas habituales en una secta (el engaño y la mentira), sino que además han contratado y sumado a sus filas verdaderas eminencias médicas y científicas para que confirmen sus afirmaciones.

Sus explicaciones, aunque nos parezcan del todo pueriles y absurdas, son tan buenas y tan malas como las de cualquier otra tendencia, ya que ni unos ni otros pueden confirmar plenamente de dónde viene el ser humano, cómo se formó y cómo llegó a ser como es en nuestros días.

Es muy posible que esta pregunta siga sin respuesta

hasta que contemos con la máquina del tiempo que nos permita retroceder al pasado y ver cómo y de qué manera el ser humano llegó a ser lo que es ahora.

Cada año se dedican miles de millones de dólares a la investigación de nuestras raíces y nuestros orígenes, porque parece prácticamente imprescindible saber de dónde venimos para saber realmente quiénes somos.

Durante miles de años las ideas religiosas fueron suficientes para explicar nuestro origen y el sentido de nuestra presencia en este planeta, pero a medida que hemos ido teniendo consciencia de lo que es y representa el mundo en que vivimos, los dogmas legendarios y creacionistas han dejado de tener peso específico en nuestra forma de ver y de entender las cosas.

Por supuesto, es mucho más como creer que saber, porque el creer no implica responsabilidad alguna, pero siempre, tarde o temprano, sabe a poco el no poder comprobar lo que se nos dice.

Si Dios nos creó, necesitamos saber cómo, cuándo, dónde y de qué manera lo hizo, y como no hay mito ni leyenda que pueda decirlo con certeza, sobre todo cuando contrastamos las leyendas y los mitos con la más simple realidad objetiva, por mucho que creamos en las palabras de los brujos o los sacerdotes seguimos sintiendo curiosidad de saber la verdad, de tener los datos y las señales reales y tangibles de nuestro origen.

El hombre es un todo, una emanación de energía constante que se expresa a través de la mente y el cuerpo, del tiempo y el espacio, un ser dinámico en sí como lo es el mismo mundo y todo el universo y lo que en él se contiene, vendría a decirnos la filosofía moderna, desde Schopenhauer hasta Xavier Zubiri y desde Bergson hasta Lacan, pero también nos lo señala desde tiempo inmemorial el orientalismo a través del zen y el hinduismo.

El hombre, independientemente de su futuro y su pasado, de su memoria y de sus hechos, es lo que es y está donde está sin más remisión que el eterno presente, que su momento de permanencia tan eterna como instantánea en el preciso ya y ahora, sin más, donde ser y estar se convierten en la misma cosa dentro del círculo de la existencia y en la línea continua de las manifestaciones vitales, el resto es solo maya, fantasía, imaginación creativa.

¿Qué es el hombre?, el hombre simplemente es y está, y, por tanto, es en sí mismo un todo, parte e integración del cosmos, y como tal debe considerarse a sí mismo para liberarse de las ataduras, los miedos y las enfermedades, que no son más que el resultado del fraccionamiento y dispersión de su propio ser.

La terapia chakra apuesta por esta integración, por esta idea global, holística e integral del ser humano, que solo puede completarse del todo y encontrarse a sí mismo cuando armoniza y conecta sus partes en un todo, sanando tanto su cuerpo como su alma y su mente, porque solo de esta manera podrá saber qué y quién es, dónde está y para qué ha venido a este mundo.

TENER CONSCIENCIA DE LOS CHAKRAS

De la misma manera que no tenemos consciencia de nuestras glándulas endocrinas, tampoco la tenemos de nuestros chakras; no los vemos, rara vez los sentimos y no sabemos para qué sirven, cómo funcionan.

Las glándulas endocrinas segregan hormonas que se ocupan de las más diversas funciones del cuerpo humano.

Los chakras vibran y transmiten energía a ciertas zonas del organismo, están interconectados entre ellos y regulan casi todas las funciones de la mente, el cuerpo y el alma.

Tener consciencia de ellos nos ayuda a que funcionen de la manera más correcta posible.

¿Cómo?

Respirando y sintiéndolos, meditando sobre ellos, percibiendo sus vibraciones con la punta de los dedos, ejercitando esos sentidos que tenemos casi muertos, como la introspección o visión interna.

Uniendo los dedos pulgar, índice y medio, y tomando consciencia de la respiración podemos sentir los latidos del corazón, conectado con la glándula timo, y de ahí podemos subir a la garganta, el entrecejo y la coronilla, es decir, podemos sentir cómo sube la energía interna a través de la consciencia; o descender al plexo solar, el sacro y el coxis, para dejar que vuelva a ascender, lo que se percibe como un leve escalofrío en la espalda o a lo largo de la columna vertebral.

No es magia ni hay truco, es del todo una sensación corporal.

Sucede como con las glándulas exocrinas, es decir, las salivales, las sudoríparas y las mamarias y las sebáceas, que las podemos sentir perfectamente cuando están en funcionamiento secretando saliva, sudor, leche o grasa.

El chakra raíz, que se encuentra justo en la base del cuerpo y los órganos reproductores, juega el papel más sensible, pues las gónadas sexuales hacen que secreten óvulos y espermatozoides, orgasmos y eyaculaciones, y las podemos sentir físicamente, por lo que tememos plena consciencia de su existencia y de su funcionamiento, a pesar de todas las represiones y contriciones que las diversas culturas y religiones han ejercido sobre ellas.

Pues bien, el resto de chakras o glándulas endocrinas se pueden sentir igualmente y tomar consciencia de su existencia y de su funcionamiento, sin que sea un secreto médico o terapéutico más, sino parte integral y holística de nuestra vida diaria.

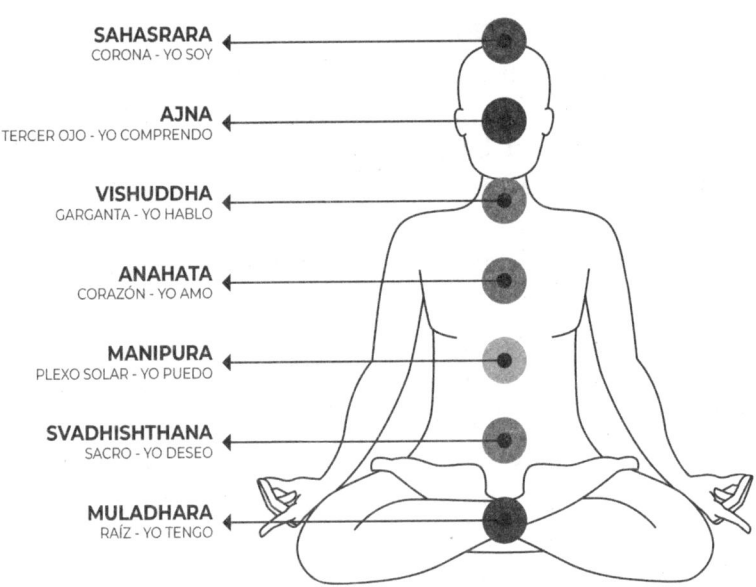

Los Siete Chakras y su función egoíca

A esa consciencia está dedicada la primera parte del presente libro.

MARMAS Y NADIS

Una vez que se tiene consciencia de los chakras, no podemos olvidar a los puntos sutiles (marmas) y a los puentes entre ellos (nadis) que transmiten la energía de los chakras conectándolos unos con otros, así como con el organismo entero, y que van más allá de la parte superior del cuerpo y la cabeza, ya que se desplazan hasta la punta de los dedos de los pies, y hasta la punta de los dedos de las manos, incluyendo los puntos pilosos (el pelo y los vellos), y hasta reflejándose en eso que llamamos aura o rayos de poder, dándole todo tipo de colores y emanaciones.

Los marmas, como puntos sutiles de luz y de energía, reflejan muchas veces el estado de nuestros chakras, y los nadis llevan este reflejo hasta la superficie, la piel, el pelo y el aura.

LA COLUMNA VERTEBRAL

Se puede decir que la columna vertebral, o espina dorsal, es el Nadi Mayor, el puente por excelencia (La espina dorsal es el Sushumna Nadi, el Puente Mayor), que recibe información de todos los marmas y chakras, y los lleva al cerebro, donde se analizan, se interpretan y se devuelven a sus puntos de origen con la información decodificada.

La energía que pasa por este puente y que se almacena y distribuye por el cerebelo o bulbo raquídeo, es perfectamente sensible, pero no estamos acostumbrados a sentirla, tanto y de tal manera, que mucha gente la primera vez que la siente de una manera clara y consciente se asusta, porque es algo que nunca había sentido estando despierta.

Cuando la energía de todos los marmas y chakras pasa por la espina dorsal y llega hasta la coronilla, puede estallar en mil colores y conectarse con otras realidades, otros mundos y hasta otras vidas o universos, en el fenómeno que se conoce como viaje o desprendimiento astral, que también puede asustar a la gente primeriza, pues su sensación vívida es parecida a su contrario: la sensación de la muerte.

LOS SIETE CHAKRAS FUNDAMENTALES

La segunda parte del libro está dedicada a los siete chacras en su relación con la salud del cuerpo, la mente, el alma y el espíritu.

De cómo se toma consciencia y se activa cada uno de ellos.

De cómo se "alinean" con los demás. De cómo se desbloquean con las técnicas de la respiración, la imposición de manos, las piedras semipreciosas y el electromagnetismo que los rodea, con el fin de equilibrar su funcionamiento, el cual no debe ser demasiado fuerte ni demasiado débil, sino estable y constante, tomando en cuenta la naturaleza orgánica, mental y anímica de cada tipo de persona.

Cada chakra tiene su propia expresión, aunque entre los estudiosos del tema no hay un acuerdo en su interpretación, ya que el Yo Soy de la corona, o chakra de la coronilla, no es el Yo Soy del chakra del plexo solar, y a menudo se confunde su significado, a pesar de que el de la coronilla se refiere más al Ser Espiritual, y el del plexo solar al Ser Egoico o Material, y en la realidad cotidiana cuesta mucho distinguirlos, entre otras cosas, porque estamos llenos de identidades o de cosas y conceptos que creemos que somos: humanos, animales, personas, un nombre, una patria, unas posesiones, un título, unos conocimientos, una relación afectiva o familiar, una emoción, una religión, una ideología o una pertenencia.

Los siete chakras fundamentales, porque hay algunos más, son los siguientes:

-Muladhara: chakra raíz, situado en la base del cuerpo, los órganos reproductores y el coxis, de lo más sensible y hasta a veces placentero o doloroso, tanto para sentirlo y palparlo, como para expresarlo.

Muladhara Chakra

-Svadisthana: chakra sacro, situado en las lumbares, sacro y caderas, ombligo y renales, menos sensible, pero indispensable para el equilibrio físico y anímico.

Svadisthana Chakra

-Manipura: chakra del plexo solar, situado en la parte central del pecho, que se siente tanto en momentos de júbilo y alegría, como en momentos de mucha presión, rabia, coraje o ira, lo que puede afectar al siguiente chakra, Anahata.

Manipura Chakra

-Anahata: chakra del corazón, situado en la parte superior del pecho, ladeado un poco hacia la izquierda, muy sensible, se puede sentir perfectamente poniendo un dedo debajo de la clavícula izquierda, entre el hombro y el pecho.

Anahata Chakra

-Vishuda: chakra de la garganta, muy sensible, sobre todo cuando molesta, cuando hay tos, irritación, o se ha gritado o hablado demasiado; también cuando se tiene consciencia de la respiración y del paso de los alimentos o la saliva.

Vishuda Chakra

-Ajna: chakra del tercer ojo, el más conocido de todos, que se puede activar y sentir de inmediato poniendo una moneda en el entrecejo, una gota de agua, unas gotas de saliva, o pintando un punto azul intenso o índigo en la frente.

Ajna Chakra

Sahasrara Chakra

-Sahasrara: chakra corona, nuestra conexión con las energías del universo, nuestro espíritu y nuestra alma. Una buena imposición de manos incentivando el occipital y la coronilla al mismo tiempo, puede darnos una sorpresa de mareo o desprendimiento, como si nuestra mente saliera disparada hacia arriba, dejando atrás al cuerpo.

Por supuesto, la intención ulterior de esta segunda edición de la *Terapia dinámica con los chakras*, es que las personas tomen consciencia integral y holística de sí mismas y sepan sanar su cuerpo, su mente y su alma, e incluso su espíritu, antes de tener la necesidad de acudir al terapeuta o al médico, a las drogas o a los más diversos tratamientos que cuestan esfuerzo y dinero.

El sanador guía, pero el paciente es el que se cura.

Espero que le sea de utilidad.

PRIMERA PARTE: LOS CHAKRAS

I
QUÉ SON LOS CHAKRAS

A tu mente
no le importa
que el cuerpo enferme,
porque solo el Ser Interno
es consciente.
DIÓGENES

La palabra sánscrita chakra significa rueda, círculo, bola o redondel floreado o en movimiento, es decir, rueda en vibración y dinámica, que se representa gráficamente con una flor o un vórtice. Por supuesto, la traducción es tan fidedigna como nuestro pensamiento occidental lo permite, porque, como bien sabemos todos, cada palabra tiene, además de su significado literal, un significado ulterior que depende más de quién y cómo lo dice, que del significante que se pretende señalar en primera instancia, porque estas ruedas toman su forma de flor, su dinamismo y vibración cuando se refieren a los centros de energía que se encuentran en el cuerpo.

Los chakras, en el pensamiento occidental y gracias al descubrimiento de las glándulas endocrinas y su funcionamiento, no son más que el reflejo de las principales glándulas de nuestro cuerpo.

Hasta que la medicina no descubrió los ganglios y las glándulas, los chakras eran considerados una superchería más de las creencias indias y orientales.

Antes de que Volta descubriera que el organismo humano se movía por impulsos eléctricos, hablar de energía con respecto al cuerpo humano también era una idea de brujos y farsantes.

El cuerpo humano, mirado fríamente, funciona como una máquina que requiere de combustibles externos, como la comida, el agua y el oxígeno, y de un tramado eléctrico, que lo recorre desde la punta del dedo gordo hasta la punta del cabello más elevado de la coronilla, para funcionar.

En este sentido el ser humano podría ser perfectamente una especie de robot orgánico. Pero este robot, como todos, también necesita de un programa que organice sus funciones y movimientos, trabajo que recae en el cerebro.

Con estos elementos se podría hacer perfectamente a un ser humano en el laboratorio, de la misma manera que se puede construir un robot. El pequeño problema que se nos presenta en la construcción de un hombre, es aquello a lo que llamamos vida, y que de momento y hasta que no se demuestre lo contrario, es un paradigma, un milagro insondable del que parece encargarse el alma, espíritu, aliento divino o como se le quiera llamar, y que anima o vitaliza al ser.

Para René Descartes el cuerpo era un autómata, un robot, pero que, curiosamente, tenía alma, y esa alma intangible era la que le daba vida, conciencia moral y consciencia de ser y estar. Cuerpo y alma separados, pero unidos por la hipófisis, la glándula que se conecta con los chakras del tercer ojo y de la coronilla, con lo que se da el fenómeno de eso que llamamos vida.

La vida, ese regalo que nos han hecho los dioses, es una realidad tangible, aunque nosotros no seamos capaces de reproducirla en el laboratorio. La vida es, por tanto, algo no científico, algo que se nos escapa de las manos literal y metafóricamente, y que sin embargo está ahí.

Se podría decir que la vida es, tanto desde el punto científico como desde el punto de vista budista, una mera ilusión. Pero hasta esta ilusión con la que permanecemos sobre esta tierra durante unos cuantos años, requiere de un orden: una base, un desarrollo y un declive.

Las glándulas endocrinas son el laboratorio alquímico del organismo, ya que en ellas se desarrollan las reacciones químicas que nos permiten alimentarnos, crecer y desarrollarnos en diversos sentidos.

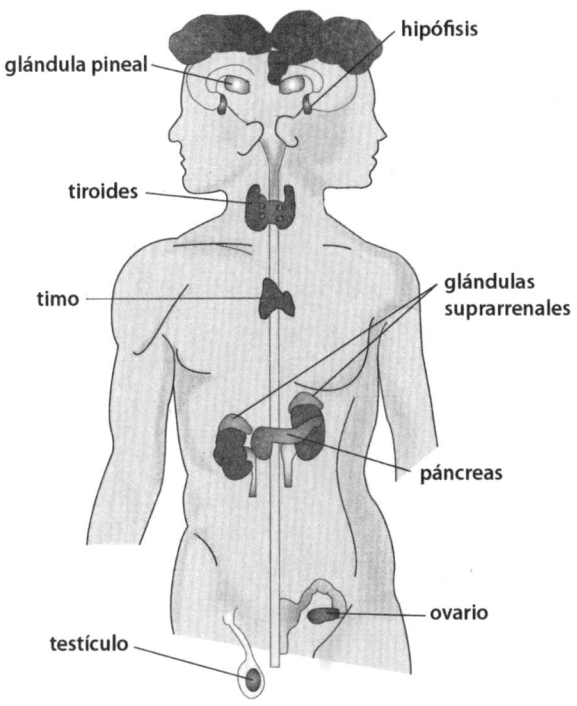

Las glándulas endocrinas

Los chakras son, dentro de este orden, la vibración energética o sensible de dichas glándulas, y se perciben armónicas cuando están produciendo hormonas correctamente, o inarmónicas cuando no lo hacen por exceso o por defecto.

La terapia chakra se encarga de armonizar, mediante remedios, ejercicios y hasta disposiciones de sensibilidad y carácter o personalidad, la vibración armónica de dichos centros energéticos o endocrinos.

Los estudios sobre endocrinología son bastante modernos, y la producción hormonal hasta hace solo unos cuantos años no era conocida. Para los antiguos médicos, como el sabio Hipócrates, había humores y gases que inundaban por dentro al organismo, flema y sangre, bilis y aire, y la salud de cada individuo dependía de su apariencia externa, que no era más que reflejo de su ser interno.

Los 4 humores de Hipócrates

La medicina actual ha dado otros nombres a dichos elementos, y ha descubierto que las hormonas regulan muchas de las cosas que nosotros seguimos creyendo reacciones humanas, mentales y hasta espirituales, e incluso han descubierto, como si el ADN fuera una carta astral, las tendencias que tenemos a sufrir tal o cual enfermedad, o bien, la disposición que tenemos a ser de una o de otra manera.

En uno o en otro sentido, la personalidad y carácter del individuo parece tener una gran importancia sobre los cuadros patológicos que pueda presentar un ser humano.

TENDENCIAS PATOLÓGICAS
EN BASE AL CARÁCTER (HUMOR)

-Un carácter fogoso y sanguíneo tiende a sufrir accidentes, padecer jaquecas, tener mala circulación y nerviosismo.

-Un carácter acuoso y flemático incide sobre las vísceras, el estómago, los problemas psíquicos, la debilidad corporal, la depresión, las dependencias y los contagios.

-Un carácter bilioso terráqueo provoca males hepáticos, debilidad en la garganta, pereza en los intestinos, dolores en los huesos, anquilosamiento en las articulaciones y tendencia a las enfermedades crónicas.

-Un carácter aireado o ventoso distrae la mente, provoca ansiedad, incide negativamente en la vista y el oído, inclina a las alergias, el asma y las enfermedades pulmonares, y también hace que la persona sea más fría y hasta estéril.

En la terapia dinámica con los chakras podría añadirse el carácter etéreo, o demasiado espiritual, que inclina a ciertos desajustes de la personalidad, como el fanatismo, la falta de aceptación de la realidad y hasta el pesimismo contumaz, que puede ser causante de estados nerviosos, estrés, úlceras estomacales, males dentales, migrañas, pérdida de visión, sordera, histeria, ataques epilépticos, depresiones y desórdenes neurológicos.

Los médicos ya no hablan de dichos humores, pero

sí señalan como incidentes de un amplio espectro de enfermedades al tabaco, las grasas, el alcohol, el azúcar, la sal y hasta la falta de ánimo vital.

En otras palabras, sigue habiendo una clara tendencia a hacer analogías más o menos científicas entre el significado y el significante, el continente y el contenido, la apariencia y la enfermedad, el comportamiento y las debilidades orgánicas y corporales.

Los chakras también responden a una analogía entre cuerpo y energía, y dependiendo de su vibración, cálida o fría, demasiado fuerte o demasiado débil, y de su colocación sensible a lo largo del cuerpo humano.

La tradición contempla siete chakras principales o superiores, que van desde la base de la columna vertebral hasta la coronilla, y varios chakras menores o inferiores (marmas) que se sitúan a lo largo y ancho del cuerpo humano teniendo como puntos centrales los nódulos de las articulaciones, desde el punto donde se abren y se cierran las mandíbulas, hasta las junturas de los dedos, pasando por codos, tobillos y rodillas, conectados por los puentes sutiles que transportan la energía (nadis).

En Occidente se ha centrado la atención en los chakras principales, y, sobre todo, en los dos chakras que se encuentran en la cabeza, porque se les supone de antemano, además de un contacto con la salud de nuestro cuerpo, una conexión espiritual con la salud de nuestra alma, mientras que a los chakras inferiores se les relaciona con aspectos menos elevados.

La reflexología, la acupuntura y la digitopuntura trabajan sin prejuicios sobre todos y cada uno de dichos nódulos energéticos o chakras menores, y logran tan buenos resultados como cualquier otro tipo de medicina. Estas disciplinas alternativas saben que en el organismo todo está íntimamente interrelacionado, de la misma manera, aunque todavía no sabe exactamente cómo y de qué manera funcionan dichas conexiones, la medicina sabe que el tejido nervioso relaciona a todo el organismo con el cerebro desde sus terminales más externas hasta las ramificaciones internas.

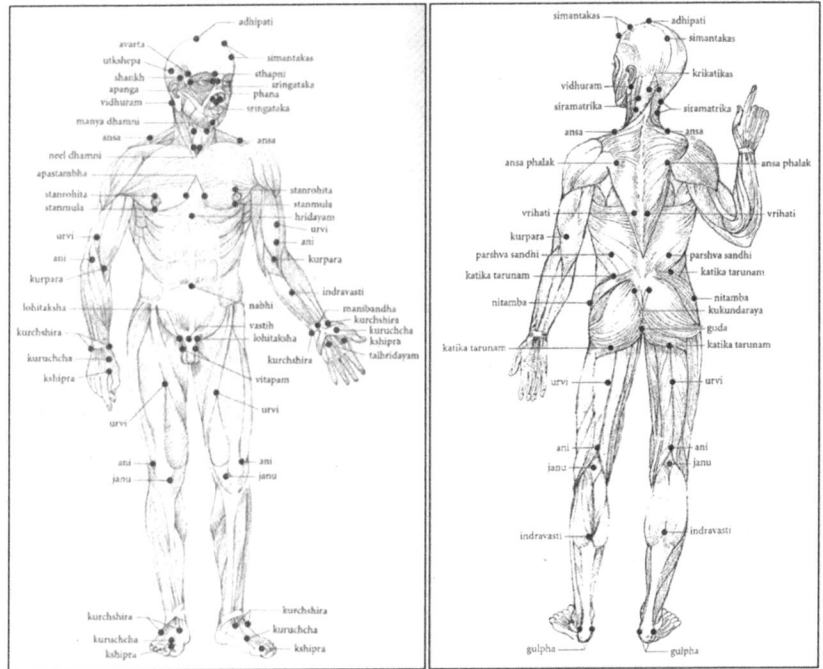

Marmas o chakras menores

El conocimiento de los chakras responde al porqué de dichas conexiones, y nos dice, desde hace miles de años, cómo funcionan y cómo afectan, no solo a nuestro organismo, sino también a nuestro equilibrio mental y espiritual.

El primer chakra, por ejemplo, está localizado en la zona de la base de la columna vertebral, cóccix y órganos sexuales, pero se relaciona con el séptimo chakra, situado en la parte superior de la cabeza emanando desde la parte central del cráneo, a través de la columna vertebral, o bien, gracias al séptimo rayo de poder que sube y baja por la médula espinal una vez que se ha superado o desenrollado el kundalini (la serpiente enrollada que sublima en éxtasis espiritual la fusión carnal).

El segundo chakra se relaciona y comunica con el sexto chakra a través de la superación de los deseos y los lazos emocionales tras el barrido del sexto rayo de poder, que proyecta la mente y despierta nuevos sentidos.

El tercer chakra está vinculado con el quinto chakra gracias a la intervención del quinto rayo de poder que abre las puertas de la intuición y sublima en amor al egoísmo, equilibrando la acciones de dar y recibir.

Y el cuarto chakra se relaciona con todos los demás a través del ritmo cardíaco y del cuarto rayo de poder, para conectarse con el **quinto chakra** del habla, el **sexto chakra** de la visión y el **séptimo chakra** de la abstracción espiritual.

¿Qué son los rayos de poder?

Se les da el nombre de rayos de poder a las vibraciones coloreadas y energéticas que se manifiestan desde los chakras hacia el resto del organismo por dentro, y que se conectan con todo el universo: cosas, personas, animales, planetas y estrellas, por fuera.

Por supuesto, no son rayos como los de las películas de ciencia ficción, y tienen más similitud a las microondas que a los relámpagos o al láser.

Estos rayos son los que nos dicen si los chakras se encuentran demasiado abiertos o demasiado cerrados, si están gastando energía de más o están absorbiendo energía de menos.

Las personas sensibles o entrenadas pueden verlos

a simple vista y sentirlos, porque dichos rayos tienen color propio y pueden ser cálidos, fríos, punzantes, vibrantes, eléctricos o magnéticos, y se expresan en orden contrario al de los chakras, es decir, que el primer chakra expresa el séptimo rayo, el segundo chakra el sexto rayo, el tercer chakra el quinto rayo, el cuarto chakra el cuarto rayo de poder (primer rayo puro), el quinto chakra el tercer rayo, el sexto chakra el segundo rayo y el séptimo chakra el primer rayo.

Sobre los colores de los rayos y los colores de los chakras hay y ha habido muchas discusiones, porque, a menudo, dependiendo de la escuela, las tendencias, las creencias y hasta el signo del zodíaco de las personas que los han visto de forma intuitiva o espontánea, dichos colores aparecen de una o de otra manera, ya que cada distinta forma de ser, pensar y creer actúa como filtro que adultera o transforma dichos colores.

En la India, el séptimo chakra es una flor de mil pétalos y de mil colores de matices dorados, mientras que el sexto chakra es una flor blanca, donde el primer rayo de poder es de color rojo, y el segundo es de color azul marino. Si mezclamos el color rojo con los mil colores del áureo florecer, el rojo y el dorado darán una especie de color anaranjado; mientras que el blanco y el azul marino darán un color azul más suave.

La expresión de los rayos de poder nace de la vibración de los chakras, de la misma manera que nace de las constelaciones, de los planetas y hasta de cada uno de los seres humanos, porque cada ser humano está más conectado con un tipo de chakra, rayo o vibración que determina tanto sus tendencias personales como sus enfermedades y su carácter.

Los chakras son fijos en su posición, mientras que los rayos y las vibraciones son variables, dependiendo del estado de aquellos.

No quiero polemizar con nadie, y tampoco pretendo sentar cátedra o dogma con respecto a los chakras, pero a lo largo de años de experiencia he podido observar que:

El primer chakra, **Muladhara**, el chakra de la materialización, emana un rayo de color anaranjado o de color ahuesado cuando está armónico, y cuando no lo está el rayo parece de un color negruzco o grisáceo.

El segundo chakra, **Svadisthana**, el chakra de las sensaciones, emana un rayo de color granate o rosa cuando está armónico, y cuando no lo está su vibración es de color tornasolado.

El tercer chakra, **Manipura**, el chakra de la fuerza, cuando está armónico emana un rayo de color rojo encarnado o dorado, y cuando está inarmónico manifiesta un rayo de color marrón o amarillento.

El cuarto chakra, **Anahata**, el chakra del aliento, cuando está armónico emana un rayo de color verde o violeta, y cuando no lo está su vibración expresa un color azulado o sanguinolento.

El quinto chakra, **Vishuda**, el chakra de la manifestación, emana un hermoso rayo de color azul cielo o azul intenso cuando está sano, y cuando no lo está expresa una vibración de color verde sucio o verde grisáceo variable.

El sexto chakra, **Ajna**, el chakra de la iluminación emana un rayo blanco luminoso o azul marino cuando está bien, y un color blanquecino, gris humo o violáceo cuando está descentrado.

El séptimo chakra, **Sahasrara**, el chakra de la liberación, no suele prodigarse en manifestaciones, y la mayoría de las veces solo se pone en funcionamiento cuando una persona está pensando, disertando o meditando, emanando bolitas de color morado o rayos de color verde o azul que se confunden con el color del aura lo que atraviesan su primera capa.

¿DÓNDE ESTÁN LOS CHAKRAS?

Si hay discusiones sobre los colores de los chakras, sobre su localización hay algo de común acuerdo, exceptuando el cuarto chakra, al que muchos autores colocan a la altura del corazón, mientras que la práctica y la experiencia me obligan a colocarlo personalmente debajo de la clavícula izquierda, es decir, por encima y un poco hacia la izquierda de donde se encuentra el corazón orgánico. Pero mejor veámoslos por orden:

Posición de los 7 chakras

Primer chakra: Muladhara, el chakra de la materialización, se encuentra en la base del cóccix y se refleja en los órganos sexuales, en los esfínteres, en el recto y en el ano, y, por supuesto, en las gónadas sexuales (testículos y ovarios), así como en los dientes, el sistema óseo y todas las articulaciones (chakras inferiores).

Segundo chakra: Svadisthana, el chakra de las sensaciones, se encuentra en el ombligo, y se refleja en las lumbares, los riñones, las glándulas suprarrenales, el hígado, las caderas, los glúteos, los pies, los tobillos, los músculos abdominales en particular y los músculos en general.

Tercer chakra: Manipura, el chakra de la fuerza, se encuentra justo en la boca del estómago, y se refleja sobre el estómago (nuestro segundo corazón), las costillas, las vértebras dorsales inferiores, el páncreas, el bazo (el sistema linfático), el intestino delgado y el sistema nervioso central. También incide en las emociones y la psique, y hasta en la sexualidad y la fertilidad.

Cuarto chakra: Anahata, el chakra del aliento, se encuentra inmediatamente bajo la clavícula izquierda y se refleja en el corazón, el cardias, la glándula timo (ritmo cardíaco), todo el sistema pulmonar y el respiratorio, los brazos, las piernas, la capacidad de concentración, el estado de los nervios y las tensiones, el tórax, las dorsales superiores, las clavículas y los hombros.

Quinto chakra: Vishuda, el chakra de la manifestación, se encuentra en la base de la garganta y se refleja en las tiroides y paratiroides, la laringe, el oído, la boca, la lengua, las amígdalas, la tráquea, las cuerdas vocales, la nuca, las vértebras cervicales, la asimilación de los alimentos, la regulación del dinamismo corporal y de la obesidad o delgadez, así como en la creatividad y en las capacidades de comunicación y entendimiento.

Sexto chakra: Ajna, el chakra de la iluminación, se encuentra localizado en el entrecejo y se refleja sobre las glándulas pituitaria y pineal, los senos nasales, el cerebro, la nariz, los cinco sentidos, se encarga del crecimiento y de la respiración, de la visión superior y la visión interior, del desarrollo orgánico en general y está ampliamente relacionado con nuestra capacidad de sentir y de pensar.

Séptimo chakra: Sahasrara, el chakra de la liberación, tiene su asiento en el hipotálamo, junto a la glándula pineal, y se refleja en el cerebro y sus funciones, en la materia gris y en la médula espinal, en la médula ósea y en el tejido nervioso, en las reacciones químicas, eléctricas y físicas de nuestro organismo, en el funcionamiento del resto de las glándulas y los chakras, y es el puente de conexión entre los cuerpos físico, mental y espiritual, es decir, entre lo que sentimos, lo que pensamos y lo que realmente somos.

El sexto y el séptimo chakra son confundidos a menudo por terapeutas y autores, entre otras cosas, porque ambos chakras se interrelacionan constantemente, y tampoco es raro que confundan sus colores y sus rayos por la misma razón: las diversas conexiones que hay entre todos y cada uno de los chakras. Con el sexto y el séptimo la confusión es mayor, sobre todo cuando la persona se encuentra en estado de hipnosis, sugestión, concentración, meditación o proyección mental o astral, y es que, en estos momentos en particular, el sexto chakra excita al séptimo buscando la verdadera puerta de elevación, iluminación y liberación, la experiencia mística o la consecución de un nuevo plano superior.

Algunos autores —como Klausbernd Vollmar (véase la Bibliografía)— consideran que trabajar con los chakras sexto y séptimo es peligroso, sobre todo si la persona no se encuentra muy equilibrada mentalmente, o bien, incluso, si no tiene las cosas muy claras, si es muy ignorante, si se deja llevar por los dogmas o el fanatismo, o si tiene demasiada imaginación.

En la terapia chakra el crecimiento es gradual y a nadie se le exige una liberación corporal, sensible, racional o espiritual, porque lo que persigue la terapia es simplemente equilibrar el organismo, la mente y el espíritu para que la persona no padezca alteraciones, enfermedades, o desórdenes de cualquier tipo.

La terapia chakra se utiliza para curar, mejorar y potenciar, y no para crear falsas esperanzas, ilusiones disparatadas o expectativas imposibles o muy difíciles de cumplir en la persona, porque antes de abordar cualquier empresa que esté más allá de nuestros límites naturales (que son mucho más amplios de lo que se piensa) se ha de tener a los chakras en perfecto equilibrio, tarea ya bastante ardua en sí misma.

LOS CHAKRAS EN LAS DIVERSAS CULTURAS

Los chakras han sido sentidos, presentidos, intuidos e imaginados en diversas culturas, aunque en la medicina ayurvédica y entre el pueblo indio hayan sido descubiertos realmente.

Para los chinos, dentro de las disciplinas del Feng Shui, en el cuerpo humano existe una energía denominada Qi que se extiende por todo el organismo partiendo del punto de equilibrio corporal, el cual, curiosamente, está situado en el mismo punto que el primer chakra (Muladhara).

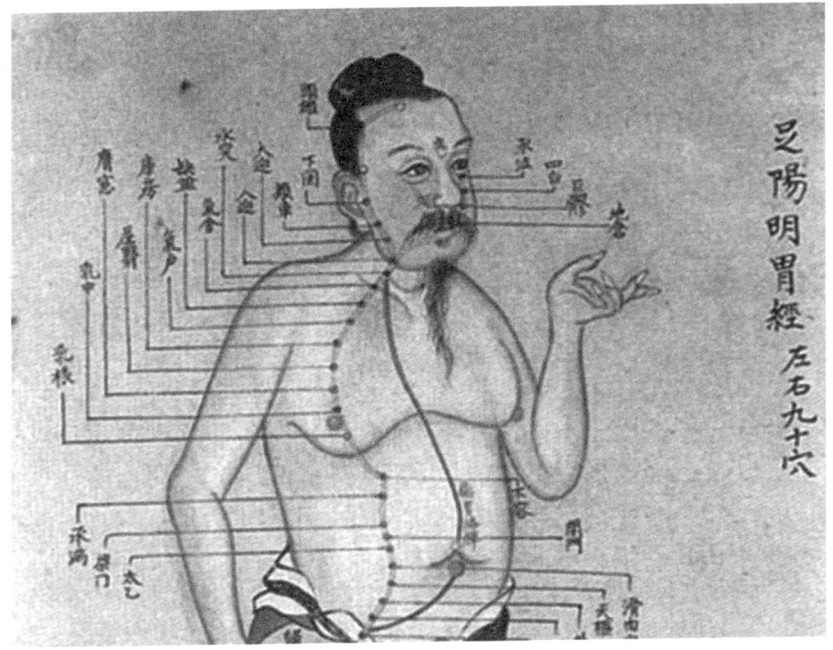

Meridianos y chakras

Entre los apaches el mundo de las percepciones divinas comenzaba en la garganta (quinto chakra) y se le llamaba con el humo de la pipa.

El tercer ojo (sexto chakra) se encuentra presente como punto de manifestación, proyección mental y poder espiritual, entre grupos humanos tan alejados como los mayas, los incas, los quechuas, los tibetanos y los mismos hindús, por citar solo unos cuantos, pero si observamos a las tribus del mundo entero veremos cómo la mayoría se pinta o adorna, haciéndose incluso incrustaciones, justo en el punto donde se encuentra el chakra de la iluminación del tercer ojo, punto especialmente sensible.

En las islas del Pacífico se le ha dado una gran importancia al tercer chakra, asentado en la boca del estómago, de la misma manera que lo hacen los indígenas del Amazonas, porque aseguran que desde ese punto emanamos a nuestro ser interno, a nuestro animal reflejo o a nuestro espíritu protector; de la misma forma que dicen que es precisamente en este punto donde radican las emociones, las penas, las cosas que nos preocupan y hasta la zona por donde puede entrar en nosotros un espíritu maléfico, un mal o un demonio.

Los aztecas consideraban puntos mágicos del sacerdote su garganta, su frente y su coronilla, y las máscaras ceremoniales hacían hincapié en estos puntos, como si la máscara fuera un amplificador para escuchar y hablar con los dioses (algo muy similar a lo que ahora se utiliza como casco, micrófono y gafas que nos dan acceso a la realidad virtual).

Para los egipcios cada uno de los chakras era un cuerpo diferente dentro de nuestro cuerpo físico. Siete cuerpos, siete formas de percibir la realidad, siete fantasmas, siete estados espirituales y siete protectores y conexiones que les unían a los siete dioses del firmamento.

En resumen, nos podemos atrever a decir que no ha habido cultura en el mundo que no haya sentido y percibido estas pequeñas ruedas de energía, los chakras, que se encuentran dentro de nuestro ser y que nos conectan con lo material y lo divino, con lo espiritual y lo sensible. Y es que los chakras están ahí y pueden percibirse diáfana y claramente porque son reales y se puede operar con ellos, desde ellos y sobre ellos de una manera práctica, funcional y directa, sin necesidad de magia, creencia o fantasía desvelada.

La terapia chakra considera al individuo como un todo, como un ser que crece y se desarrolla, que evoluciona y que eleva sus niveles físicos, mentales y espirituales. Este ser pasa por diversas etapas en su vida, y en cada una de ellas desarrolla, lo mejor que puede y sabe, sus chakras; pero lo hace de una manera consciente, o bien, como sucede entre alguna gente, se obsesiona por la perfección o el equilibrio, y centra su atención solo en los chakras superiores.

CHAKRAS Y ASTROLOGÍA ESOTÉRICA

Para la cultura india la astrología es muy importante, y no solo porque en ella ven la Rueda de la Existencia expresada en las múltiples vidas que a cada persona le tocan vivir hasta que vuelva a la luz primordial que la ha creado.

Cada chakra corresponde a un cuerpo celeste y a un elemento que lo relacionan con los signos del zodíaco.

Cada chakra, además, es una vía de liberación, un peldaño en la espiral del karma que cada persona debe subir y recorrer para llegar finalmente a la liberación total, al Nirvana o al plano más elevado de conciencia.

Los siete planetas clásicos y los cuatro elementos fundamentales vinculan en varios sentidos al crecimiento espiritual con las personas.

Pero la analogía no queda ahí, porque además hay elementos y planetas conceptuales que acaban de redondear las relaciones entre chakras y evolución espiritual.

-Los signos de Tierra, Tauro, Virgo y especialmente Capricornio, están vinculados con el primer chakra.

-Los signos de Agua, Cáncer, Escorpio y especialmente Piscis están vinculados al segundo chakra fundamental.

-Los signos de Fuego, Aries, Leo especialmente y Sagitario están vinculados al tercer chakra.

-Los signos de Aire, Géminis especialmente, Libra y Acuario, son los que se relacionan con el cuarto chakra.

No hay signos de Éter, ni de Luz y mucho menos de Espíritu, pero en todos y cada uno de los signos hay rasgos de entendimiento (Éter), conocimiento (Luz) y sabiduría (Espíritu). Es decir, que todos y cada uno de los signos pueden acceder a los planos superiores si han ascendido correctamente, en una o varias vidas, por el sendero de los chakras:

-En el primer chakra hay que conquistar la salud y liberarse de lo instintivo.

-En el segundo chakra hay que conquistar la sensibilidad y liberarse de las emociones.

-En el tercer chakra hay que conquistar la personalidad y la individualidad, y liberarse del ego.

-En el cuarto chakra hay que conquistar el amor y el equilibrio y aprender a liberarse de los sentimientos y de los deseos.

-En el quinto chakra hay que conquistar el entendimiento y liberarse de los falsos razonamientos.

-En el sexto chakra hay que conquistar la visión y el conocimiento y liberarse de falsas ilusiones y de falsas creencias.

-En el séptimo chakra hay que conquistarlo todo y liberarse de todo.

No hay renuncia sin conquista ni conquista sin renuncia, y para ello la persona cuenta con los planetas, o inteligencias celestiales como reflejo del cosmos en el microcosmos humano. Incluso los problemas de salud, actitud, comportamiento, mentalidad, emocionalidad y espiritualidad de cada chakra no son más que obstáculos que se han de vencer para elevar el plano de consciencia. Esa es la idea de la astrología hindú en el sistema de los chakras: evolución física, mental y espiritual a través de las experiencias de las sucesivas vidas.

Curiosamente, mientras que con las analogías de elementos y signos no hay mayores disputas ni polémicas, cuando entran en el cuadro los planetas empiezan a haber claras diferencias, y mientras para unos el tercer chakra expresa al Sol y, por tanto, al signo de Leo, para otros el Manipura-chakra pertenece claramente a Marte y. por tanto. se refleja en Aries y Escorpio. Veamos primero la posición clásica:

Los chakras y la Astrología hindú

55

-El primer chakra se refleja en Saturno y por extensión en Capricornio y Acuario.

-El segundo chakra se refleja en Júpiter y por extensión en Sagitario y Piscis.

-El tercer chakra se refleja en Marte y por extensión en Aries y Escorpio.

-El cuarto chakra se refleja en Venus y por extensión en Tauro y Libra.

-El quinto chakra se refleja en Mercurio y por extensión en Géminis y Virgo.

-El sexto chakra se refleja en la Luna y por extensión en Cáncer.

-Y el séptimo chakra se refleja en el Sol y por extensión en Leo.

De esta manera, Acuario puede padecer enfermedades que habitualmente pertenecen a los signos de Tierra; Sagitario puede padecer los males de los signos de Agua; Escorpio tener las debilidades de los signos de Fuego; y Tauro padecer los tropiezos de los signos de Aire.

Las vinculaciones y analogías se pueden hacer tan complejas como se desee, tanto que puede llegar el momento, cosa que de hecho sucede en la vida diaria, en que todos y cada uno de los signos pueden padecer los problemas y tener que vencer los obstáculos que hay en todos y cada uno de los chakras.

A todo ello hay que añadirle los planetas que se han ido descubriendo en los últimos siglos, incluidos Quirón y el Viejo Errante, que bien podrían llamarse, para cumplir con la mitología griega que le da nombre a los planetas, Vulcano y Prometeo, y descartando a Plutón devolviéndolo al Hades. Veamos una segunda proposición más moderna basada en la teosofía:

El primer chakra se refleja en Saturno (Capricornio).
El segundo chakra de refleja en Júpiter y en Marte (Sagitario, Piscis, Aries y Escorpio).
El tercer chakra se refleja en el Sol (Leo).
El cuarto chakra se refleja en Mercurio (Virgo y Géminis)
El quinto chakra se refleja en Venus (Tauro y Libra).
El sexto chakra se refleja en la Luna (Cáncer).
El séptimo chakra se refleja en Urano (Acuario).

De esta manera, las enfermedades y características de los chakras son más acordes con las debilidades y personalidades de los signos y los planetas, y también se acercan más a lo que se puede comprobar en la práctica diaria terapéutica.

Sin embargo, estas no son las únicas relaciones entre planetas, signos y chakras, y no es nada raro encontrar a Saturno relacionado con el séptimo chakra, porque al fin y al cabo Saturno es el planeta más elevado y el que está más cerca de la liberación; a Júpiter con el sexto chakra, por algo Júpiter es el planeta de la religión; a Mercurio con el quinto chakra, por ser el planeta de la comunicación y el habla; al Sol en el cuarto chakra, porque no hay nada más solar que el corazón; a Venus con el tercer chakra, porque Venus es el planeta de las emociones y los sentimientos; a Marte con el segundo chakra, por ser el planeta del sexo y la guerra; y a la Luna en el Muladhara Chakra o primer chakra fundamental, porque la Luna es la base maternal que hace posible la existencia en este mundo.

De una o de otra manera, y tenga la razón quien la tenga, nosotros, los seres humanos, tenemos que recorrer el sendero por completo y superar, con armonía y equilibrio, cada uno de los puntos del recorrido para lograr la evolución física, mental y espiritual que anhelamos.

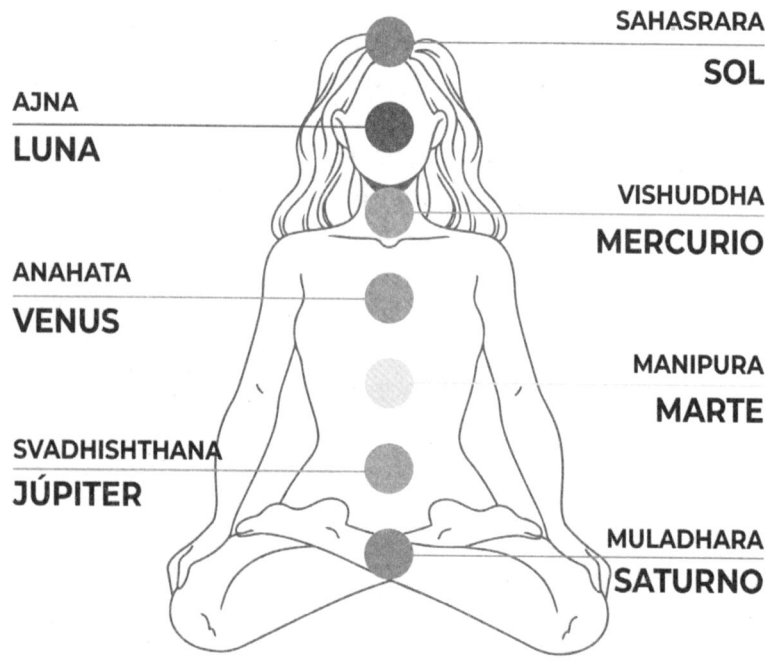

AJNA
LUNA

ANAHATA
VENUS

SVADHISHTHANA
JÚPITER

SAHASRARA
SOL

VISHUDDHA
MERCURIO

MANIPURA
MARTE

MULADHARA
SATURNO

Planetas y Chakras, ¿quién tiene la razón?

II
Los nódulos articulares y los chakras inferiores (Marmas y Nadis)

*En este universo
todo está conectado,
lo bueno, lo neutro y lo malo,
hay centros y puentes
que nos unen
como hermanos.*

T'SAO CHAN

Tanto en las clases de yoga como en las clases de estiramientos, se hace especial hincapié en la flexibilidad del cuerpo, y es que precisamente en esta flexibilidad radica el buen funcionamiento del organismo, y, por supuesto, buena parte del equilibrio de los siete chakras superiores.

Los chakras inferiores o menores son prácticamente incontables, porque además de los que se encuentran en todas y cada una de las articulaciones y de la terminación de los tendones, están los que se hallan situados en los puntos reflejos de pies, manos, nudillos, columna vertebral, ganglios, glándulas, gónadas, terminales nerviosas y hasta neuronas.

El ser humano es un animal complejo formado de varios tejidos y elementos que funcionan conjuntamente para mantenerlo con vida, y en cada uno de estos tejidos, elementos, órganos y hasta células hay un centro de vibración energética que le podría permitir perfectamente seguir vivo y funcionando de forma independiente al resto del organismo. Es más fácil que falle el hombre si uno de sus órganos no funciona, a que fallen los órganos cuando el ser humano deja de funcionar. El hígado incluso se auto regenera como las colas de la lagartija, sin que el resto del organismo haga nada por él.

El cerebro sigue siendo una materia pendiente en las técnicas de trasplante de órganos, pero los investigadores son bien capaces de sorprendernos cualquier día diciéndonos que el trasplante de cerebro ya es un hecho.

De esta manera, los chakras inferiores (marmas que se conectan por nadis o canales a otros marmas y a los chakras superiores), esos que funcionan de una manera automática o refleja en nuestro organismo, son los que mantienen en conjunto de nuestra estructura en funcionamiento, por lo que debemos cuidarlos por lo menos tanto como a los chakras superiores, y uno de los mejores cuidados que podemos darles es mantenerlos bien lubricados con el ejercicio continuo, los estiramientos diarios, una sana alimentación y una actitud positiva.

Los chakras inferiores se pueden juntar en grupos para identificarlos mejor y poder relacionarlos con los chakras superiores.

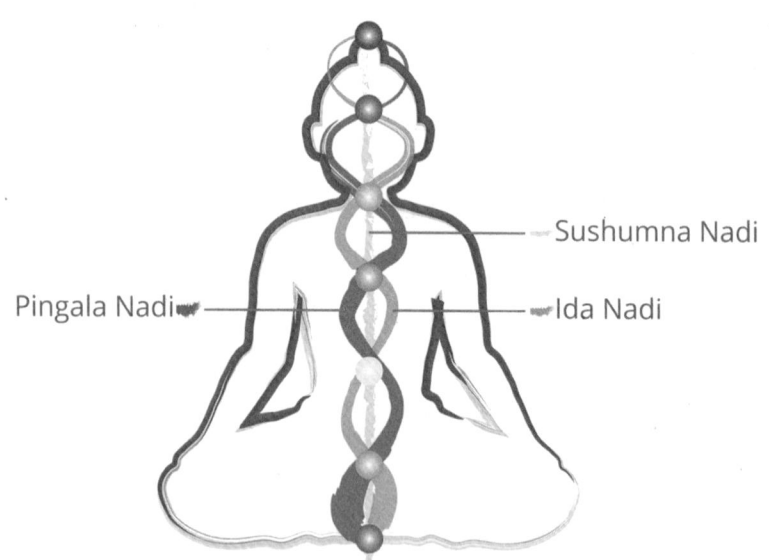

Los Nadis, puentes conductores de los Marmas

Relaciones entre chakras inferiores y chakras superiores

-Los chakras inferiores de rodillas, codos y hombros, están directamente relacionados con el **primer chakra** superior.

-Los de tobillos, talón, planta y empeine del pie y nudillos de los dedos de los pies, están fuertemente vinculados con el **segundo chakra** superior. De la misma manera que lo están la glándula toxicómana y las articulaciones de cadera y pelvis.

-Los chakras inferiores de venas, arterias, vértebras, ganglios de las salivales y de las axilas, están relacionados con el **tercer chakra** superior.

-Los chakras inferiores de las muñecas, las clavículas, las costillas, las manos y los dedos de las manos, están fuertemente relacionados con el **cuarto chakra** superior.

-Los de la base del cráneo, la mandíbula, los huesos del oído, los lagrimales y terminaciones nerviosas de dientes, encías y músculos y tendones faciales, están relacionados con el **quinto chakra** superior.

-Los chakras inferiores de las terminaciones nerviosas de cráneo, nervios óptico, auditivo, olfativo y táctil, así como los de células dérmicas y poros, están muy vinculados con el **sexto chakra** superior.

-Los de las neuronas, la médula espinal, el plasma sanguíneo y sus componentes, la médula ósea y reacciones químicas, eléctricas y hormonales, están directamente vinculadas con el **séptimo chakra** superior.

Todo está unido, todo está relacionado, como en la física cuántica, todo está entrelazado.

Si tocas un punto en los pies, otro punto reacciona en la nuca; y si lo tocas en la oreja o pabellón auditivo, reacciona en los pulmones en contra del ansia de tabaco.

Si estimulamos con el ejercicio, la actitud positiva, la buena alimentación y los estiramientos los chakras inferiores, nuestros chakras superiores estarán mejor y podrán realizar de mejor forma su trabajo, y viceversa, porque en todas las conexiones hay un continuo dar y recibir en ambas direcciones.

Esto puede parecer a primer golpe de vista algo muy complicado, cuando en realidad solo es un ejercicio de relaciones analógicas, o hechas sobre la base de las analogías clásicas y elementales, donde los elementos clásicos (Fuego, Tierra, Aire, Agua) unen unos puntos con otros.

A estos cuatro elementos se suman, dependiendo de la cultura, otros elementos más sutiles, como el éter en el caso de la cosmología hindú, o más cercanos y aislantes como la madera, en la cultura taoísta.

ELEMENTOS Y CHAKRAS

Todos los chakras inferiores, junto al primer chakra fundamental, pertenecen al elemento Tierra.

-El segundo chakra está vinculado al elemento Agua.

-El tercer chakra está relacionado con el elemento Fuego.

-El cuarto chakra incide directamente sobre el elemento Aire.

-El quinto chakra enlaza con el elemento sutil Éter.

-El sexto y el séptimo chakras no tienen un elemento clásico como correspondencia, por eso algunos autores les atribuyen toda clase de adjetivos más o menos espirituales para significarlos (conocimiento y sabiduría son los más empleados, pero no van a la saga las palabras luz y espíritu, o calificativos por el estilo).

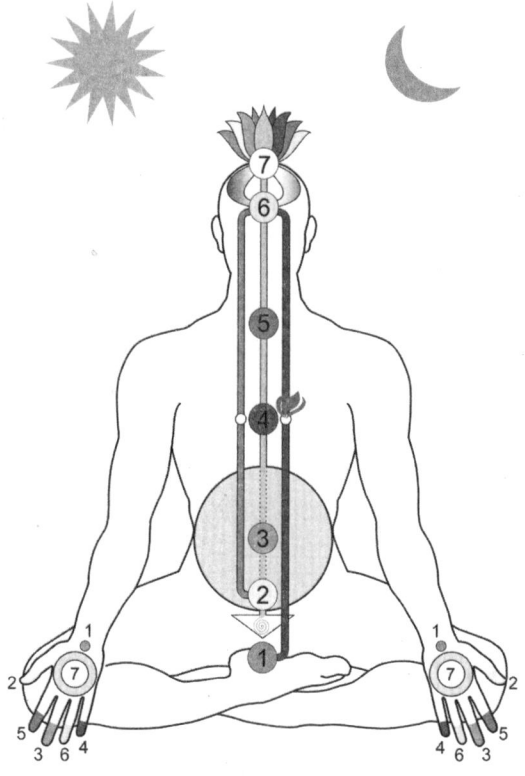

Chakras y elementos

Es más, al quinto chakra también le colocan elementos «nuevos» como la vibración o el sonido, esperando que los lectores entiendan las cualidades especiales de los tres últimos chakras superiores.

La tarea de adjudicarles un elemento no es nada fácil, porque se les considera demasiado elevados para la gente común y corriente, pero desde un punto de vista médico, aunque esta medicina sea alternativa, el sexto chakra estaría relacionado, más que con la luz propiamente dicha, con los impulsos eléctricos y los nervios fotosensibles, y solo en un plano superior perteneciente al pensamiento mágico y religioso, a la Luz Espiritual.

El séptimo chakra, siguiendo este orden de ideas, estaría fundamentado en todos los elementos anteriores, y en ninguno, aunque su función natural lo relacionen más con las reacciones químicas, la actividad de los sistemas nerviosos central y parasimpático, y la producción hormonal, es decir, con todo aquello que hasta ahora se han considerado funciones del alma o del espíritu, por lo que su elemento tendría que ser forzosamente la Esencia Primaria o Espiritual que conecta al ser humano con los mundos superiores.

Por otra parte, no hay que olvidar que en la Rueda de la Vida y la Existencia lo más elevado de nuestro mundo enlaza directamente con la zona más baja o inferior del mundo superior siguiente.

De esta guisa, nuestro séptimo y más elevado chakra no es más que el chakra más inferior y modesto de los mundos espirituales. Hebreos, persas y hasta griegos (encabezados por Pitágoras y Platón), han marcado el Árbol de Vida que enlaza un plano de consciencia con otro:

Mundo Material
= Plano de consciencia animal y humano no evolucionado, que enlaza con:

Mundo Intelectual
= Plano de consciencia humano, que enlaza con:

Mundo Espiritual
= Plano de consciencia elevado del ser humano evolucionado, que comparte con otros seres espirituales, que enlaza con:

Mundo Divino o Arquetípico
= Plano de consciencia velado para los seres humanos encarnados.

De esta manera:

-Los chakras inferiores y el primer chakra superior pertenecen al Mundo Material.

-El segundo chakra superior se encuentra a caballo entre el Mundo Material, instintivo y sensible, el Mundo Emocional, y el Mundo Intelectual.

-Los chakras superiores tercero y cuarto pertenecen por completo al Mundo Intelectual.

-El quinto y el sexto chakras enlazan el Mundo Intelectual con el Mundo Espiritual, y tienen un pie en el más acá y otro en el más allá, o en otras dimensiones o realidades que no podemos desvelar del todo, pero que sabemos que están ahí por la experiencia y la iluminación intermitente que viene a los seres humanos en los momentos de éxtasis, devoción, ensoñación, vigilia, etcétera.

-Por último, el séptimo chakra enlaza los tres primeros mundos e intenta equilibrarlos para que podamos acceder al Mundo Espiritual plenamente algún día. Incluso, como señalan algunos autores, podría hacernos llegar con su áureo florecer hasta el Mundo Divino.

Elementos y organismo

En la medicina ayurvédica los elementos, por sí solos, están relacionados con partes de nuestro organismo, caracteres, dolencias y fuentes de salud.

El elemento Tierra, por ejemplo, está relacionado con todo aquello que forme parte básica y esencial de nuestro cuerpo: huesos, músculos, cabellos, uñas y dientes; al tiempo que se le relaciona con las funciones fisiológicas, los instintos y los sentimientos atávicos. De esta manera, afecta tanto a los intestinos en la digestión, como a los órganos sexuales en su capacidad de fertilidad, y ayuda a que el carácter sea constante, detallista y disciplinado, evitando la indecisión, la dispersión y la falta de voluntad.

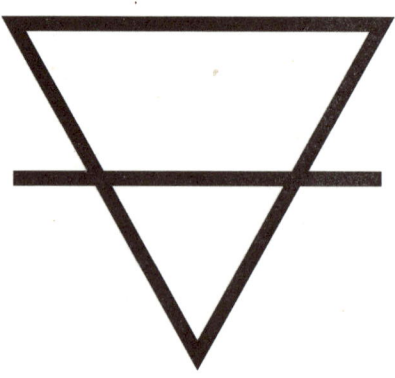

Símbolo del elemento Tierra

El elemento Agua, por su parte, incide en todos los fluidos del organismo, desde la orina hasta las lágrimas, y desde el semen hasta la leche materna. También se le relaciona con las emociones, los deseos, los apetitos, el subconsciente y la psique. La salivación y deglución de los alimentos, así como el tórax, el pecho y el estómago, se encuentran en su ramo, y puede influir en el carácter abierto y expansivo, o cerrado y emotivo de las personas.

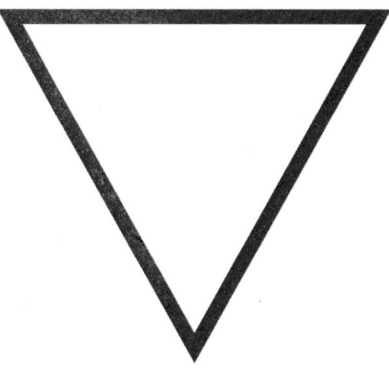

Símbolo del elemento Agua

El elemento Aire se encarga de los gases, las contracciones, las secreciones, la sudoración, la respiración y el aliento vital, y centra sus funciones tanto en las hormonas como en los pulmones. El elemento Aire agiliza la mente y da toda clase de habilidades, ayudando a centrar los objetivos, equilibrar el medio y transformar la materia y la energía, e incluso promueve las relaciones y las comunicaciones entre los seres y el ambiente.

Símbolo del elemento Aire

El elemento Fuego, el más importante por ser la base de la vitalidad, la creatividad, la fuerza y la voluntad de ser y estar, está vinculado tanto a la salud como a la enfermedad, el hambre y la satisfacción, el dolor y la resistencia, la conquista y la derrota. Este elemento cura y purifica, pero también destruye y quema para volver a construir o para ayudarnos a renacer de nuestras propias cenizas. Puede inflamar el carácter y hacerlo más fuerte y decidido, pero también puede precipitarlo y hacer que queme sus etapas demasiado rápido. Por supuesto, está vinculado con la sangre y el deseo de vivir, con la columna vertebral, la visión y la iluminación, tanto en sentido físico como en sentido espiritual.

Símbolo del Fuego

Y el Éter, elemento sutil, se le señala como organizador de los otros cuatro, pero eso no le impide estar vinculado con la expresión hablada y escrita, con la capacidad de percibir esta y otras realidades, con la aspiración en sus formas mental, física y espiritual, con el sonido, los cinco sentidos y el alma misma. Se disemina por todo el organismo a través del tejido nervioso, y se encuentra más allá de la vida y de la muerte, del ahora, del antes y el después, porque está hecho con la misma sustancia que la existencia. Nos da la facultad de aprender, entender, conocer, saber, amar, crecer, superar y trascender.

Símbolo alquímico del Éter

Como hemos visto antes, cada chakra está relacionado con un elemento, y cuando el elemento falla, por exceso o por defecto, el chakra lo resiente de una manera palpable, trayendo consigo esa falta de equilibrio y armonía que nos quita la salud y atrae la enfermedad.

III
La enfermedad: ausencia de armonía

Sentir, amar,
pensar, crear,
hablar, reír,
bailar, cantar,
comer, soñar,
alejan la enfermedad.
PROVERBIO POPULAR

Para la medicina oficial la enfermedad es la ausencia de salud, pero para la terapia chakra la enfermedad es la ausencia de armonía entre los chakras, el ser humano, su medio y el universo entero.

En la terapia chakra la salud es algo más que sentirse "más o menos mal o bien" porque no sabemos realmente dónde se encuentra la salud; la salud se encuentra ahí donde cuerpo, mente y alma se unen con los chakras, porque los chakras se encuentran justamente ahí donde la materia, la mente y el alma se unen para regular al cuerpo.

La estabilidad de la materia no se puede despreciar de ninguna manera, porque, al menos en esta vida, estamos formados de materia, de una materia que se organiza para poder expresar la vida que le da el aliento divino.

Los chakras inferiores están relacionados con los aspectos más densos de la materia, pero sin ellos y sin esa densidad de la materia no podríamos expresarnos ni sostenernos.

La simple consciencia, el llano saber que el ser humano es un ser íntegro y completo junto a todo lo que le rodea y le penetra, ya ayuda bastante al buen funcionamiento del organismo, y, por tanto, de la mente y del alma.

Bien decían los griegos que solo un cuerpo sano podía albergar una mente sana, pero no solo porque el cuerpo sea un dechado de músculos y virtudes, sino porque es un todo con el universo que le rodea.

De esta manera, incluso el cuerpo más dolido, maltrecho y enfermo puede recuperar la armonía de sus chakras y elevarse por encima de sus carencias.

Para la terapia chakra es tan importante que la materia esté bien, como que la mente y el alma se encuentren en perfecto estado. Es más, para la terapia chakra la armonía de uno solo de estos puntos puede ayudar a que los otros dos funcionen correctamente.

Por supuesto que debemos superar nuestros defectos y carencias materiales y corporales, ya que el camino de los chakras nos lleva, ineludiblemente, al acceso de nuevos y más elevados planos de consciencia, poco a poco y a medida que transcurra la vida en este plano material, hasta que nos liberemos por fin de las ataduras que nos mantienen unidos a esta tierra y sus elementos.

Sí, la salud es iluminación y crecimiento, evolución y desarrollo, liberación y sabiduría, pero de poco o nada puede servirnos la liberación final si hemos de mantenernos atados a la Tierra aún después de dicha elevación espiritual, porque el cuerpo, celoso de su propio mundo y de sus propias cosas, nos hará olvidar buena parte de esa experiencia mística y el camino recorrido se estancará y hasta correrá el riesgo de invertirse o perderse del todo.

En otras palabras, no por estar uno muy sano es uno mejor persona, ni por estar postrado o enfermo uno se convierte en un saco de defectos. En este mundo cabe tanto el sano malicioso como el enfermo bondadoso, porque ambos son la expresión de una misma fuente de luz. Por supuesto, también cabe el sano elevado y el enfermo desequilibrado, así como el sano tonto y el enfermo sabio, porque la enfermedad no es un distintivo de involución, ni la salud una marca de garantía de evolución. La enfermedad es, por tanto, una simple ausencia de armonía entre los diferentes estados de conciencia y cuerpos groseros o sutiles que forman al ser humano, e incluso una experiencia enriquecedora o una prueba a superar.

Sería vano y superficial partir de la idea de que la mayoría de los seres humanos están más o menos sanos, y que los verdaderamente enfermos solo han tenido mala suerte, como si les hubiera tocado una lotería maldita.

DE DÓNDE VIENE LA ENFERMEDAD

Cuando una persona está verdaderamente enferma se pregunta a menudo que qué ha hecho para merecer el castigo de la enfermedad.

El caso se vuelve más dramático cuando una madre pregunta de dónde le viene una leucemia o una rotura de columna vertebral a un menor de edad que aún no ha tenido tiempo ni de pecar.

En la India se explican los grandes males a través del karma, es decir, de la ley de compensaciones, que nos dice que lo que tomamos de más en una vida nos será restado en la próxima.

Entre los tibetanos existe la creencia de que antes de nacer escogemos a nuestros padres, nuestro signo del zodíaco y el tipo de vida que vamos a llevar en este mundo.

Antes de nacer meditamos y escogemos nuestra salud, de la misma manera que escogemos nuestra altura y nuestro color de ojos. Este escoger no es al azar: lo hacemos porque deseamos venir a experimentar una serie de sensaciones, alegres o tristes, en esta vida, y la enfermedad se encuentra dentro de esas experiencias vitales que elegimos antes de venir a este mundo.

Para los atenienses la enfermedad era igual a pecado; es decir, que estar enfermo era tanto como pecar, y toda dolencia se convertía en una mancha que había que lavar de una o de otra manera.

Para los espartanos era aún peor, tanto que el niño enfermo o deforme lo pagaba con su repudio o su vida.

Entre los aztecas había la firme creencia de que muchas de las enfermedades venían por haberse portado mal, de una o de otra manera, y que un mal pensamiento o un carácter agrio podrían desembocar perfectamente en un dolor de estómago o en una jaqueca, y entonces, lo que se tenía que hacer era sangrar el punto energético conectado con el mal. Los puntos de sangrado aztecas corresponden, curiosamente, con los puntos de sangrado de la medicina europea de la Edad Media, así como con los marmas (chakras inferiores) y las famosas 7 zonas energéticas situadas en los mismos puntos que los 7 chakras superiores. Estos puntos, además de ser útiles para sanar a una persona, también servían para saber dónde y cómo inmolar a la víctima de un sacrificio, es decir, que también tenían un significado de elevación espiritual y de contacto con los dioses.

Actualmente, y en pleno corazón de la racional cultura occidental, la enfermedad sigue siendo tabú, y se piensa que no es de buen tono estar enfermo. Hay incluso quien se avergüenza de padecer una gripe, porque padecer una enfermedad, por sencilla y pasajera que sea, es síntoma de debilidad.

Con los accidentes y las cicatrices sucede algo bien distinto, y aunque ambos sean distintivos de pérdida de salud, se convierten fácilmente en una especie de medalla ante la capacidad de haber superado un mal, un accidente, una operación o un ataque.

Por supuesto, hay también quien piensa que la enfermedad es una especie de castigo divino, debido fundamentalmente a un mal acto que hemos hecho nosotros o nuestros allegados.

Y no falta quien, considerando que se ha comportado perfectamente en todos los campos de la vida, echa la culpa a los vecinos, la cuñada, el competidor o el compañero de trabajo que le tiene envidia, coraje o simples ganas de fastidiarle.

Sí, la brujería negra, ejercida por los enemigos, los familiares o los falsos amigos que nos odian, desean lo que poseemos o simplemente les caemos mal, suele ser señalada como culpable de cientos de miles de dolencias.

En el corazón de África, la brujería y el mal de ojo explican toda clase de enfermedades, con las venganzas y brujerías de protección recurrentes.

De una o de otra manera, el ser humano nunca ha sido perfecto de cuerpo, mente y alma, es decir, jamás ha estado del todo armonizado consigo mismo y mucho menos con el cosmos, y la enfermedad viene de esa falta de armonía tarde o temprano.

Por supuesto, una mala alimentación, una mala disposición de nuestros pensamientos, deseos y actos, los sentimientos de culpabilidad, la somatización, la falta de defensas y la abundancia de gérmenes y bacterias (aunque solo unos pocos son realmente nocivos) que comparten con nosotros el mundo en que vivimos, son claros incidentes y precipitadores de nuestras enfermedades. Y es mucho más fácil que enfermemos si no nos encontramos bien con nosotros mismos, ni con lo que hacemos, ni con nuestra pareja ni nuestros familiares, padres o hijos, que si nos llevamos bien con todo el mundo y si nos sentimos satisfechos con nuestro ambiente y con nuestros logros.

Hay sociedades y grupos humanos que están permanentemente enfermos desde hace siglos, sobre todo de la mente, y que no saben vivir sin miedo, sin malestar y sin enfermedades, quizá porque se sienten culpables de haber conquistado y masacrado a otros pueblos.

También las hay que creen que haciendo todo de manera correcta, no van a enfermar nunca ni a morir, y se enfadan mucho y se sienten estafadas cuando las enfermedades aparecen y la muerte llega de manera inevitable al final del camino.

Si tenemos el ánimo en alto y la conciencia tranquila, será más difícil que enfermemos que si estamos deprimidos y la conciencia nos acucia, pero estos incidentes no son suficientes por sí mismos para preservarnos de la enfermedad o para lograr que desarrollemos un cáncer.

A veces un simple tropiezo, o el ser descubiertos con las manos en la masa en algo que aparentemente siempre nos ha repugnado, es suficiente para que desarrollemos un cáncer o para que caigamos enfermos; y sin embargo, en muchas más ocasiones, un verdadero drama, peligro o descalabro, en lugar de ponernos enfermos nos ayuda a surgir de nuestras cenizas, a cambiar de conciencia, a sacar fuerzas de flaqueza y a recuperar la salud perdida.

A Víctor Frankl (el del *Sentido de la vida*) le sorprendió que en los campos nazis de concentración nadie sufriera ni un resfriado, a pesar de vivir en condiciones malas y francamente extremas, con frío y pésima alimentación, mientras que su Viena natal un simple aire frío podía convertirse en una terrible pulmonía.

Perder o recuperar la armonía, he ahí la fuente de la enfermedad. Y si bien se puede perder la armonía de manera inconsciente, recuperarla casi siempre es un acto de consciencia, un despertar, un reaccionar ante las alegrías o penas de la existencia en este mundo terrenal. La terapia chakra apela a esta elevación de consciencia para conseguir recuperar la armonía, y con ella la salud.

LA ENFERMEDAD: UNA CUESTIÓN DE ACTITUD

Cuando Freud asistió a sesiones de hipnosis basadas en las experiencias de Mesmer, y vio a una mujer histérica recuperar momentáneamente la salud bajo un estado de sugestión inducida, se quedó simplemente pasmado.

¿Cómo era posible que alguien que no se tenía en pie, un manojo de nervios sin voluntad, pudiera recuperar la cordura y sus funciones motoras, aunque fuera solo por unos instantes?

Freud intentó curar definitivamente a muchas personas siguiendo los métodos de Mesmer, pero no lo consiguió nunca, quizá porque no se dio cuenta de que lo que se lograba en el estado hipnótico era un marco ideal donde los pacientes se desinhibían y eran libres para cambiar de actitud; una actitud que no se sentían capaces de manifestar en la vida real, o incluso que no deseaban manifestar.

Por increíble que pueda parecernos, hay personas que prefieren estar enfermas, porque la enfermedad, como he señalado tantas veces a lo largo de mi carrera, a veces es un escudo que protege a la persona de la realidad, una muleta en la que puede apoyarse, una forma de andar por la vida, y eso tiene mucho que ver con la actitud, y la actitud tiene mucho que ver con la armonía de nuestros chakras.

EL VICIO DE LAS ADIVINANZAS

Los médicos oficiales son los que más se libran de este juego entre paciente y terapeuta, y que consiste en creer que el médico o el terapeuta es una especie de brujo o de adivino que tiene la obligación de acertar el diagnóstico con solo ver la cara del paciente.

No son pocos los pacientes que llegan a mi consulta y me dicen: «¿qué tengo, doctor?», y tampoco es escasa la legión de los que aseguran rotundamente: «nadie puede saber lo que me pasa, he ido a cien médicos y ninguno ha descubierto mi enfermedad».

Es más que sano que el paciente confíe en su médico, pero esperar que este le adivine el presente, el pasado y el futuro, es simplemente ridículo.

Los protocolos de diagnosis se cuentan por miles, desde la observación de las palmas de las manos, hasta la Iridología (diagnosis observando la pupila), pasando por los análisis clínicos, la moderna resonancia magnética o la lectura de las cartas del tarot.

Hay diagnósticos sensitivos, tomando las manos del paciente y dejando que fluya la energía hacia el terapeuta, que sentirá en su cuerpo el foco de desarmonía que afecta al cuerpo del paciente, y a partir de ahí iniciar el tratamiento, que no adivina la enfermedad, sino que siente la inarmonía en un punto determinado del organismo.

Es cierto que una buena diagnosis facilitará el tratamiento, pero es una locura esperar que el médico adivine qué es lo que tiene el paciente, cuál es el mal que le aqueja sin que el paciente le diga de viva voz que es lo que siente y qué síntomas tiene.

Dentro de la terapia dinámica con los chakras la diagnosis se hace por sensibilidad, es decir, por la percepción en la palma de las manos del estado de los chakras, pero esta percepción no debe convertirse en un ritual de adivinanzas, donde el paciente espera, como Freud, quedarse pasmado ante la habilidad adivinatoria del terapeuta.

Otro error de actitud es esperar una cura milagrosa donde el terapeuta, el médico o la Virgen hagan todo el trabajo, mientras el paciente se deja hacer. El paciente debe poner algo más que fe en su terapeuta, también debe poner fuerza de voluntad y verdaderos deseos de curarse, porque al final será su propio organismo quién reaccione o no al tratamiento con sus propios recursos de autocuración. A menudo nuestra mente es más impotente ante las enfermedades que nuestro propio cuerpo, porque vemos la enfermedad como a un terrible enemigo en lugar de mirarla como etapa que hemos de superar y vencer, y que de una o de otra manera tendremos que darle tiempo y apoyo a nuestro organismo para que se recupere.

Cada persona, dependiendo de su actitud general ante la vida, cultiva una serie de virtudes y defectos que la protegen de las enfermedades o que la lanzan de cabeza hacia ellas, y si bien todos podemos mejorar o empeorar nuestra forma de ser a lo largo de nuestra vida, nadie puede cambiar del todo, y sus rasgos esenciales le acompañarán desde la cuna hasta la tumba.

Una persona demasiado impulsiva y activa será de constitución fuerte, pero será débil ante las infecciones, las inflamaciones, los dolores de cabeza y los accidentes, y hasta su sexualidad será intensa, pero breve y desordenada.

Una persona demasiado prudente y paciente será cachazuda, resistente, pero no podrá evitar el nerviosismo interno, la inseguridad, los males de garganta (por no atreverse a expresar lo que piensa y siente), y dificultades para asimilar los alimentos.

Una persona demasiado inquieta y acomodaticia, que intenta quedar bien con todos y con todo, tiende al autoengaño, la hipocondría, el asma, los males respiratorios y la tensión nerviosa.

Una persona demasiado sensible puede parecer amorosa y tierna, y hasta despertar la compasión de los demás al parecer desprotegida, pero su actitud de víctima la hace fácil presa de las enfermedades psíquicas, senilidad, drogodependencia, intoxicación, incontinencia y hasta de simples problemas estomacales que en su caso se convierten en enfermedades crónicas.

Una persona demasiado egoísta está condenada al sufrimiento, la úlcera, la diabetes, el estreñimiento, la arritmia cardíaca y los dolores de espalda, simplemente porque su actitud mezquina le impide incluso cuidarse y quererse a sí misma.

Una persona demasiado autodestructiva tiene todos los números para sufrir tragedias, accidentes graves, envenenamientos, enfermedades exóticas, males renales, males hepáticos, enfermedades venéreas, locura transitoria y hasta el suicidio.

Y una persona en exceso visionaria, que se siente demasiado importante para compartir este mundo con los torpes mortales que en él habitamos, puede padecer problemas de huesos, músculos, sistema de locomoción, enfermedades crónicas, retención de gases, problemas oculares y auditivos, problemas de relación, malestar general y continuado, dolores articulares y falta de equilibrio, entre muchas otras deficiencias.

Pero de entre todas las malas actitudes, la peor es la que nace del sentimiento de culpabilidad, porque debajo de este complejo se encuentran nuestros peores demonios, aquellos que ni siquiera nos atrevemos a sacar en estado hipnótico, aquello que no queremos aceptar ni ante los demás ni ante nuestra propia conciencia. De hecho, solemos sentirnos culpables por el solo hecho de estar enfermos, y más de uno intenta esconder, como si fuera una vergüenza terrible, que tiene la gripe. Este sentimiento atávico movía a los espartanos a despeñar a todos aquellos que no eran «perfectos» o que tenían una deficiencia física demasiado evidente.

PECADO Y ENFERMEDAD

La sociedad no ha cambiado mucho en este aspecto, y si bien se acepta socialmente y de dientes para afuera que alguien caiga enfermo, no aceptamos muy bien que seamos nosotros mismos los enfermos. Es más, en enfermedades como el sida, la sociedad se muestra bastante poco tolerante y receptiva, aunque finja lo contrario y hasta haga donativos para combatirla, lo que aumenta el sentimiento de culpabilidad en el enfermo.

A veces basta que una persona más o menos sana sea descubierta o sorprendida cometiendo un error, una falta o algo que socialmente se considera pecado, para que dicha persona enferme. Más de un cáncer se debe a un terrible sentimiento de culpabilidad, y es más fácil que una persona que se siente sin fuerza moral para enfrentarse a la vida o a los suyos, perezca de una enfermedad que en otro caso o en otro momento no le hubiera afectado tanto.

Más de una persona piensa y siente que, cuando pierde un diente, se le declara una leucemia o le da una pulmonía, algún Dios la está castigando por algo malo que ha hecho, y cuando revisa su vida y ve que no ha hecho nada tan grave como para merecer la enfermedad, alza los ojos al cielo y le pregunta a su Dios: «¿Por qué me has hecho esto?», como si su Dios, que quizá ni siquiera exista, tuviera el humor de dedicarse a poner enfermas a las personas.

De cualquier manera, el sentirse sin mácula ayuda a la recuperación, mientras que el pensar interiormente que se ha pecado y que el castigo de la enfermedad es merecido, aboca más hacia la debilidad, la falta de armonía y el crecimiento, complicación o desarrollo de la enfermedad.

Por eso, dentro de la terapia dinámica con los chakras, la actitud y la elevación de consciencia a medida que van tratando los chakras, es muy importante.

No se trata de pensar sosamente que todos somos hermanos de paz, amor y luz, ni que somos increíbles seres espirituales atados a un cuerpo falible, sino de sentir dentro de nosotros mismos que somos perfectamente capaces de crecer física, mental y espiritualmente, poniendo a funcionar correctamente tanto nuestra consciencia como cada uno de nuestros chakras.

IV
LA SALUD: EQUILIBRIO ESPIRITUAL, EMOCIONAL, MENTAL Y FÍSICO

Hay una delgada línea
entre el vivir y el sufrir,
y esa frágil línea
son los apegos;
rompe con ellos
y vivirás feliz.
ZENÓN

¿Dónde estábamos antes de nacer?

¿Dónde estaremos después de morir?

¿La vida es premio y la enfermedad es castigo, o la vida es castigo y el morir es el premio por haberla soportado?

¿Qué somos, en fin, un ser sufriente y enfermo, o un ser sano y feliz?

Primero somos espíritu, un espíritu que se hace carne a través del milagro del nacimiento y la vida. Ese espíritu, al sumarse al cigoto donde se han fusionado el óvulo y el espermatozoide, cuenta con nueve meses para olvidar su existencia pasada, para recuperar la consciencia de la corporeidad y acostumbrarse, de nuevo o por primera vez, a la densidad de la materia que le servirá como soporte y como cuerpo.

Nosotros podemos intuir, pensar o creer que nuestro cuerpo tiene un espíritu, pero el espíritu se encuentra de pronto dentro de una estructura material y orgánica, sin tener la oportunidad de creer o no que las cosas son así y que ha venido a un mundo donde las cosas se deterioran y mueren.

Los nueve meses de gestación serán los que marquen la salud física del cuerpo que ha ocupado, y sus primeros siete años de vida los que señalen su estabilidad psíquica el resto de su vida.

Los chakras y el desarrollo de la vida

El primer año de vida estará dominado por el Muladhara-chakra, y por eso a este chakra se le relaciona con la formación y la supervivencia, así como con las funciones sexuales, de hambre, defecación y ternura; y al espíritu no le quedará más remedio que adecuarse a tal dominio.

En este lapso de tiempo la conciencia del bebé debe de acostumbrarse al nuevo mundo que le rodea, y aunque tiene vislumbres de su vida pasada, no sabe cómo relacionarlos con la vida presente, y tampoco sabe expresarse y comunicarse con los demás para decirles lo que realmente piensa y siente.

El segundo año estará dominado por el Svadisthana-chakra, y durante este tiempo el bebé aprenderá a desarrollar sus emociones y empezará a adquirir las habilidades del habla y motoras. El espíritu, durante este período, tiene que ingeniárselas para adaptarse a sus propias funciones corporales, y aprender a dominarlas lo más rápidamente posible, mientras que su conexión con experiencias anteriores a la vida presente empieza a remitir, a perderse, y aunque expresará algunas ideas, como decir «yo antes era tu padre», o «cuando yo no estaba aquí la mamá llevaba coletas», o «yo siempre he estado aquí, pero nadie me veía», los adultos apenas si le harán caso y todo lo achacarán a su corta edad o a su fantasía.

El tercer año estará en pleno funcionamiento el Manipura-chakra, y el niño empezará a desarrollar su ego y su sentido de permanencia y existencia en esta vida, regulando sus relaciones con su familia y con su medio. Entonces el espíritu cede protagonismo al ego y el niño entra en una fase de asentamiento, y aunque los adultos no lo crean así, el niño ya es una pequeña persona que siente, piensa y crea, y que tiene conciencia más la consciencia de sí mismo y del mundo que le rodea.

El cuarto año el Anahata-chakra entra en funcionamiento, y el ego se convierte en dependencia emotiva, es decir, el niño se socializa y empieza a percibir las actitudes de los demás de una manera más sutil y sensible. Durante esta etapa el niño intentará imponer su personalidad, pero cederá inmediatamente si ve mucha oposición a su alrededor, y lo basará todo en la aceptación o rechazo que percibe en los demás, mientras que su espíritu comienza a crear todo un mundo de fantasía donde el niño puede refugiarse de vez en cuando. Nacen los amigos invisibles y vuelven, vívidos o en forma de sueño, algunos recuerdos de vidas pasadas.

Algunos niños demuestran grandes habilidades a esta edad, adelantándose a los demás, ya que su capacidad de imitación y aprendizaje se multiplica por mil. Las celdas de la memoria están prácticamente vírgenes, y cualquier estímulo egoíco, emotivo o intelectual les hace reaccionar.

El quinto año le corresponde al chakra de la creatividad y las nuevas experiencias, el Vishuda-chakra, y el niño entra de pleno derecho a la infancia y al aprendizaje. Ahora puede comunicarse y explicar quién es y qué hace, pero ya ha aprendido que los adultos son poco receptivos a sus revelaciones interiores, porque están más interesados en lo que hace vital y socialmente, que en su mundo interior. De esta manera, el niño se hace más extrovertido en sus relaciones exteriores, y más introvertido con lo que siente y piensa. Del mundo de las fantasías extrae cosas para llevarlas al mundo material, e intenta introducir en su mundo imaginario las cosas que ve y oye en el exterior. Si esas cosas son positivas, el niño se hará fuerte y valiente; pero si son negativas, se hará temeroso y débil, porque es precisamente en esta edad en que crea sus propios miedos y temores, sus propios demonios y fantasmas, así como sus armas de defensa y sus sistemas de autoprotección.

Al sexto año de vida le corresponde el sexto chakra, Ajna, y el niño descubre de manera consciente o inconsciente que puede proyectar sus ideas y sus pensamientos, y sabe perfectamente que, si llama al mal, el mal viene, y que, si llama al bien, viene también, y no puede evitar sentirse poderoso interiormente, aspecto que a menudo choca con su entorno real, que le demuestra frecuente y constantemente que no es el rey del universo. Es entonces cuando el niño ordena su imaginación y da cauce a sus fantasías, encontrándose con las sensaciones de la intuición, la magia y las creencias. Su mundo real y su mundo fantástico se mezclan entre sí y con los mundos fantásticos y reales de sus compañeros de juegos, de escuela, primos, hermanos, etcétera, y empieza a definir su personalidad en el mundo de Maya, la creativa y maternal magia material, que deja casi definitivamente al espíritu en segundo plano, y más o menos adecuado a la vida que le ha tocado, o que ha escogido, vivir.

El séptimo año, como buen año de crisis y desarrollo, está dominado por el Sahasrara-chakra, el centro energético del conocimiento y la comprensión, que da lugar a los últimos, pero no por eso menos potentes, destellos del espíritu dentro del cuerpo del niño, quien perfectamente puede tener sus primeras experiencias de desprendimiento astral y de dominio sobre la materia, y no será nada raro que también pase por una que otra experiencia sobrenatural. Dichas experiencias suelen ser puntuales y no hacen demasiada mella en la mayoría de los niños, porque la mayoría achaca, ya a esa edad, las experiencias al sueño o la fantasía, y las revisten de miedos o simplemente las guardan en un cajón de la memoria, porque inmediatamente después, las glándulas pineal y pituitaria relacionadas con este chakra empezarán a producir nuevas hormonas de crecimiento y el niño se desarrollará con más fuerza y firmeza en los parámetros de este mundo material.

A partir de este punto el niño entrará en el camino de la pubertad, donde el Muladhara-chakra volverá a dominar sus funciones orgánicas, mentales y espirituales hasta los catorce años.

LOS CHAKRAS A LO LARGO DE LAS ETAPAS DE LA VIDA

De los siete a los catorce años volvemos a sustentarnos en el primer chakra para moldear con éxito nuestra adolescencia.

De los 14 a los 21 años el segundo chakra abre las puertas de la sexualidad y la reproducción.

De los 21 a los 28 años el tercer chakra fundamental termina de desarrollar nuestra personalidad adulta, que es en la que basaremos el resto de nuestra vida.

De los 28 a los 35 años gozamos de la estabilidad del cuarto chakra, que determina el autoconocimiento y el crecimiento personal individualizado.

De los 35 a los 42 años el quinto chakra nos ayuda a abrir la mente y nos empuja a elevar nuestro plano de consciencia.

De los 42 a los 49 años el sexto chakra nos abre las puertas del entendimiento, la aceptación, el aprendizaje y el conocimiento, es decir, nos permite madurar y asentarnos tanto en nuestro interior como con nuestro medio.

De los 49 a los 56 años entramos en la edad dorada que nos libera de funciones corporales innecesarias, de errores mentales y de ansiedades espirituales, para que tengamos acceso a la sabiduría, y empecemos un nuevo ciclo desde un nuevo plano de conciencia, recuperando la conexión lúcida con nuestro espíritu, que empieza en esta edad su andadura de vuelta a casa.

Si seguimos, más o menos, esta estructura cíclica de la rueda de la existencia vital en este mundo material, nuestros cuerpos material, mental y espiritual se desarrollarán en armonía y tendremos una buena calidad de vida, con pocos accidentes y pocas enfermedades.

La armonía es así de sencilla, basta con dejar que la materia de nuestro cuerpo se desarrolle de acorde a la evolución de nuestra consciencia para gozar de una vida saludable: eso es la salud.

Por supuesto, hay factores externos en los que no podemos influir del todo y que pueden menoscabar nuestra salud, pero precisamente es ahí donde interviene la terapia chakra, que en su esfuerzo por recuperar la armonía de los chakras logra que mejore nuestra salud.

La terapia chakra opera decididamente sobre los cuatro campos del ser: físico, mental, emocional y espiritual, porque lo hace de la misma manera que lo hacen los ciclos de la vida: mejorando el estado de la materia a medida que crece la mente y evoluciona el espíritu, es decir, a medida que se desarrolla la consciencia dentro de nosotros.

No podemos evitar ni la curva descendente de la vida ni la consecuente muerte, porque ambos procesos forman parte del equilibrio de la vida, pero sí podemos sacarle un mejor partido a la existencia, una mayor lucidez y fuerza a medida que pasen los años, y un adiós sereno y digno cuando llegue el momento.

La materia tiene que estar ordenada y funcionar correctamente, pero también deben hacerlo el espíritu y la mente, porque el equilibrio se basa en cuatro pilares, y no solo en uno, para que los chakras irradien su energía y empapen con ella nuestro interior y el universo entero.

La belleza de los chakras es tal, que si los pudiéramos ver a simple vista bien nos cuidaríamos de mantenerlos siempre frescos y rozagantes, como las flores de nuestra alma que son, ese jardín de nuestro espíritu que deberíamos regar día a día con la armonía y el equilibrio de nuestras acciones y nuestro corazón.

V
Cómo funciona la terapia dinámica con los chakras

El cuerpo es un autómata
que está unido al alma
y al milagro divino de existir
por la glándula pineal.
DESCARTES

La terapia dinámica chakra funciona de la misma manera que la manifestación de la existencia en ese fenómeno milagroso al que llamamos vida.

La existencia desciende desde lo más elevado para posarse en la materia más densa y primaria, y de la unión de dos fuerzas antagónicas y complementarias de dicha materia nace la vida.

La vida comienza por las marmas o puntos nodulares de los chakras inferiores, empezando por los pies y terminando por la cabeza, pasando por todos los ganglios y articulaciones.

Después se desarrolla en los órganos internos y en los chakras superiores iniciando el proceso en el Muladhara-chakra, para terminar, y esto una vez que el niño ya ha sido dado a luz y han pasado varios días, en el séptimo chakra. La mollera, como se conoce popularmente al punto superior de la cabeza, no se solidifica hasta una o dos semanas después de que haya nacido el niño.

Las ceremonias bautismales, con agua o con imposición de manos, tienen como finalidad imbuir espiritualidad por este conducto aún fresco y no solidificado del todo, justo cuando el alma del niño aún no se ha desconectado del todo del hilo de la existencia espiritual.

Los chakras siguen siendo sensibles a lo largo de la vida, y el bautismo bien podría realizarse a cualquier edad, pero los sacerdotes bien saben que la sensibilidad está más a flor de piel mientras menos contaminada esté el alma del bebé.

La polaridad, o unión de los opuestos complementarios, tampoco cesa a lo largo de la vida, porque los chakras se siguen uniendo unos entre otros, de abajo para arriba y de izquierda a derecha, siguiendo los puntos eléctricos y magnéticos que se desarrollan a lo largo del tejido nervioso, las glándulas endocrinas y la columna vertebral.

Tras cada unión o comunicación se completa un producto que da lugar a una tríada. De esta manera los tres primeros chakras superiores se unen y comunican entre sí, como si un par de ellos diera lugar al tercero en todas las combinaciones posibles. Lo mismo sucede con los chakras cuarto, quinto y sexto, y de la unión de ambos grupos «nace» el florecimiento del séptimo chakra.

Esto no impide que el primero y el séptimo chakra puedan comunicarse directamente, sobre todo cuando se eleva el plano de la consciencia o cuando se desenrosca la serpiente de la base de la columna vertebral, la kundalini, que abre las puertas de la elevación y hasta de la iluminación liberando al ser humano de los deseos en pleno estado de éxtasis.

Todos y cada uno de los seres humanos, por increíble que parezca, se encuentran en constante proceso de cambio, con una clara tendencia a la elevación espiritual, es decir, que constantemente están evolucionando, tanto orgánica como mental, emocional y espiritualmente, con los chakras como centros reguladores de la energía vital y promotores de dicho ascenso.

La terapia dinámica chakra se encarga, simplemente, de reanimar o de equilibrar aquellos chakras que no estén funcionando correctamente, y para que realmente sea dinámica, tanto el terapeuta como el paciente tienen que actuar sobre el punto afectado.

La mayoría de las terapias, tanto oficiales como alternativas, actúan más como paliativos que como sistemas de curación integral, mientras que la terapia dinámica chakra ve en el individuo a un ser completo que no debe conformarse con solo sentirse bien.

Para quitar un dolor de cabeza basta una buena imposición de manos o la suave presión de un dedo o de una aguja, y actúan de la misma manera que lo haría una aspirina o unas gotas de las flores de Bach, pero si no se actúa sobre la fuente que produce dicho dolor, el paciente volverá a padecer el malestar tarde o temprano.

Hace falta la verdadera voluntad del paciente para sanar, y la verdadera disposición del terapeuta para ayudarle a lograrlo. Esta parece una verdad de Perogrullo, pero es más cierta de lo que parece a simple vista, sobre todo si tomamos en cuenta que la enfermedad, como la salud, a menudo son una forma de caminar por esta vida. Es decir, que hay personas que se acostumbran y hasta se refugian en la enfermedad, y que se sienten verdaderamente mal el día que no les duele nada o que no padecen de algo.

Estar enfermo puede ser hasta un acto social, una manera de buscar la ternura, la atención y la compasión de los demás, e incluso una forma de relacionarse con los demás.

El cuerpo suele curarse por sí mismo, porque dentro de nosotros la tendencia primordial es la que se dirige a la salud y la estabilidad, pero el estar bien a menudo no sale a cuenta, porque nos impide quejarnos o hacernos la víctima, y si alguien nos cuenta sus males, nosotros intentamos inmediatamente competir y nos referimos a los nuestros como algo más importante.

El ser humano es un ser complejo, y sus mecanismos de defensa ante un medio hostil a menudo pasan por la muleta de la enfermedad, de la misma manera que pueden hacerlo a través de un logro o de un triunfo. Es como si inconscientemente pensáramos que estar bien y en armonía es aburrido, por lo que preferimos que pase algo, aunque sea malo o atente contra nuestra salud, a que no pase nada.

Por eso, la verdadera voluntad de curar y curarse es tan importante en la terapia dinámica chakra, que debería seguir el siguiente protocolo:

Protocolo de la terapia dinámica chakra

1. Comunicación verbal entre el paciente y el terapeuta.

2. Intercambio de energías.

3. Percepción del estado general de los chakras que debe hacerse siempre con el paciente relajado y en reposo.

4. Percepción del chakra desequilibrado.

5. Aplicación de respiración adecuada (prana).

6. Aplicación de color.

7. Aplicación de sonido (mantra).

8. Conexión a través de la gesticulación de las manos (mudra).

9. Proyección mental de color, figura geométrica, curación, etcétera.

10. Aplicación de masaje dinámico (masaje suave a un centímetro de la piel), siempre en sentido ascen-

dente desde el punto más bajo hasta el punto más alto. Se recomienda la utilización de una plancha de madera virgen o de cobre para descargar la energía sobrante o negativa después de cada masaje.

11. Conexión y equilibrado de chakras.

12. Apoyo en las analogías del punto afectado.

13. Alimentación recomendada.

14. Actitud recomendada para elevar el plano de consciencia con respecto al punto afectado.

15. Ejercicios recomendados de acuerdo al problema a tratar y seguimiento del paciente hasta su recuperación.

Para conocer el estado de los chakras no hace falta ser vidente ni tener una sensibilidad demasiado acusada en las palmas de las manos, porque también los podemos diagnosticar simplemente tomando el pulso, acto que debe hacerse siempre con el paciente relajado y tranquilo:

• Si el pulso es débil e irregular, hay trastorno (bloqueo o excitación) en el primero y segundo chakras fundamentales, Muladhara y Svadisthana. A menudo el paciente siente como si tuviera diminutas lombrices recorriéndole las piernas o los brazos, y también puede sentir como si le cayeran diminutas gotas de agua sobre los brazos o las piernas. Un claro aviso de anomalía en estos chakras es tener un sabor dulce en la boca sin haber comido nada. La sensación del pulso es ascendente y se percibe con facilidad poniendo el dedo índice junto a la entrada del oído izquierdo o justo en juntura de la cadera izquierda y el bajo vientre.

• Si el pulso es rápido y desordenado, o muy fuerte, como si algo estuviera saltando dentro del paciente, es clara señal de un trastorno en los chakras tercero y cuarto, Manipura y Anahata. Un claro aviso de que dichos chakras están bloqueados o excitados, es la notable percepción de un sabor amargo en la boca sin haber comido nada que lo provoque. Los ahogos, el mal humor y la irritación general suelen acompañar dichos síntomas. El pulso se puede tomar directamente con el dedo corazón poniéndolo sobre en la muñeca, sobre el cuello o debajo del corazón, zona en la que se refleja con fuerza ascendente cuando algo no funciona correctamente en estos chakras.

• Finalmente, si el pulso es lento e irregular, con una sensación de que el corazón cayera y rebotara para producir el latido, nos está indicando bloqueo o excitación en el quinto y sexto chakras, Vishuda y Ajna. El trastorno se hace más evidente si el paciente siente un sabor ácido en la boca sin haber ingerido alimento. La pérdida de equilibrio, noción y visión, suelen acompañar a su mal funcionamiento. El pulso se puede tomar poniendo el dedo anular sobre las sienes, la yugular o por encima del corazón. A veces hay que tener un poco de paciencia, porque el latido tarda en aparecer, e incluso, después de un golpe fuerte, parece haberse desvanecido.

Cada paciente es un mundo, y también lo es cada terapeuta, por eso es muy importante que ambos mundos coincidan en la misma voluntad: recuperar la salud, o, mejor dicho, dejar que el cuerpo vuelva a encontrar su punto de equilibrio, y, por consecuencia, que consiga su propia autocuración.

El protocolo podría quedar resumido a tres puntos ineludibles:

a) Percepción del chakra afectado.

b) Reconocimiento, tanto por el terapeuta como por el enfermo, del desequilibrio.

c) Aplicación de las técnicas de armonización básica para recuperar la salud, consistentes en cuatro puntos fundamentales: prana, mudra, mantra y masaje dinámico.

Así de sencilla y directa es la terapia chakra, pero, aunque sea sencilla y directa es importante que el terapeuta cumpla unos mínimos requisitos para operar la técnica sobre el paciente:

• Conocimiento teórico y experimental.

• Sinceridad y equilibrio.

• Verdadera aspiración a la elevación de consciencia.

Un ciego no puede guiar a otro ciego y para ejercer la caridad se debe que tener algo que dar a los demás, y, por si fuera poco, para señalar un camino antes se tiene que haber recorrido.

Es cierto que se aprende más enseñando que aprendiendo, pero si no se tiene nada que enseñar, poco aprenderán quienes nos siguen. Al paciente solo se le puede exigir verdadera voluntad de curarse, pero al terapeuta se le debe exigir algo más que buena voluntad o buena disposición.

En la segunda parte de este libro pasaremos a señalar cada uno de los puntos que afectan a cada uno de los chakras y cómo utilizarlos para que surtan efecto sobre las afecciones padecidas, tanto en su sentido de prevención como en su sentido de aplicación y curación, sin dejar de lado el camino que debe seguirse para elevar la conciencia y avanzar, plano tras plano, en el sendero de la evolución, donde cuerpo, mente y alma deben caminar de manera conjunta, armónica y equilibrada.

PARA SER TERAPEUTA

Para ser terapeuta se necesita verdadera vocación de servicio, tolerancia, comprensión, humildad, disciplina, estudio, bondad y mucha paciencia y práctica, entre muchas otras cosas.

Nunca se debe engañar al paciente, aunque sí se le deben decir las cosas con amor y tacto, sin deprimirlo ni animarlo con falsas expectativas.

Una palabra o un comentario fuera de contexto puede ofender y enfermar, más que curar, y no es necesario ser cínico o sarcástico. Hay que entender que cada persona tiene su propio nivel de conocimientos, educación y percepción de la realidad.

Recuerdo la primera vez que abandoné la naturopatía:

Tenía una paciente con hidropesía, retención de líquidos o "pata de elefante", a la cual tenían drenada, introduciéndole líquidos para sacarle líquidos, prescrita por un eminente grupo de médicos.

Le dije que su problema tenía solución, y le prescribí una dieta en la que le prohibía tomar café con leche y pan de dulce, por la producción de acetona y el exceso de azúcares que seguramente producían buena parte de sus males y no ayudaban en nada con la retención de líquidos.

Todos se rieron de mí, la paciente y los médicos, sin embargo, la mujer estuvo una semana siguiendo mi dieta y mejoró ostensiblemente, por lo que los médicos pasaron de la burla al enfado, y amenazaron a la mujer de dejarla a su suerte si me seguía consultando.

Yo era joven, no demasiado, pero sí lo suficiente para no tener la actitud necesaria de madurez ante mi paciente, así que, lleno de orgullo, echando pestes de sus médicos y vaticinándole a ella lo peor, dejé de visitarla y ella no me llamó más durante un par de meses.

Un día recibí su llamado de urgencia, había empeorado y no se podía poner de pie, por lo que me pidió que la fuera a ver lo antes posible.

"Solo le pido, doctor", me dijo cuando llegué a su habitación, "que no me quite el café con leche y el pan de dulce, pero haré todo lo que me mande."

En mi inmadurez y falta de tacto, le respondí: "si sigue con el café con leche y el pan de dulce, dentro de un mes le espera la muerte."

Un mes más tarde estaba muerta.

Yo dejé la naturopatía durante algunos años, porque, obviamente, no estaba preparado, y me fui a Madrás a estudiar y a trabajar con enfermos para mejorar tanto mis conocimientos como mi actitud hacia los pacientes.

Sí, los terapeutas a menudo fallamos, pero eso no debe ser obstáculo para seguir aprendiendo de nuestros propios errores y mejorando por el bien de los pacientes.

SEGUNDA PARTE: SALUD A TRAVÉS DE LOS CHAKRAS

VI
PRIMER CHAKRA:
MULADHARA, EL CHAKRA DE LA MATERIALIZACIÓN

Tu origen no es un pecado,
tampoco lo son el amor y el sexo,
esa mancha es un malvado engaño
que han puesto
en tu pensamiento.

MITRA

Los chakras están compuestos de consciencia, materia y energía, y funcionan correctamente cuando somos conscientes de su presencia, los podemos palpar físicamente si los dejamos vibrar con libertad. A estos tres estados de los chakras se les conoce como *gunas* que se expresan a través de Maya, la sustancia del mundo material manifestado, o mundo de las ilusiones físicas y reales, donde el tiempo adquiere forma y la vida transcurre en ciclos.

El comienzo del universo que conocemos, según la mitología hindú, tuvo lugar en el vacío o realidad no manifestada llamada *prakriti*, gracias a la fusión de la conciencia (*rajas*), la materia primordial (*tamas*) y la energía (*sattva*).

Nuestro mundo y todos los seres y todas las cosas que hay en él, están formados de la misma manera, y se sustentan, en primer lugar, del Muladhara-chakra, es decir, en el primer chakra fundamental, fundamento indispensable para la creación material.

Por supuesto, y como sucede en todo el mundo esotérico de todos los tiempos y de todas las culturas, hacen falta dos fuerzas antagónicas y complementarias entre sí para que tanto la existencia divina como la manifestación de la vida material tengan lugar.

En la Medicina Ayurvédica y en el pensamiento mágico y religioso de la India dichas fuerzas corresponden a los dioses superiores Shiva y Shakti.

Shiva representa al elemento masculino divino, y Shakti a la gran madre universal.

Shiva, como todos los grandes dioses, se crea a sí mismo, pero para crear el universo conocido necesita de Shakti.

Shiva no tiene forma ni deseos, es todo perfección y todo ausencia, y nosotros solo somos parte de sus sueños, unos sueños que Shakti ha provocado derramando de su seno la esencia de la vida manifestada.

Shiva y Shakti, dos que son uno, fusión

Shiva es la no manifestación, la liberación total, mientras que Shakti es la manifestación en sí misma, y mientras Shiva siga dormido (como Visnú), nosotros, junto con nuestro mundo, nuestro universo y todos los seres y todas las cosas que hay en ellos, seguiremos existiendo; pero cuando Shiva despierte y saque la espada para destruir al mundo, o empiece a despertar abriendo sus ojos apenas llenándolo todo de luz, Shakti tendrá que recoger el manto onírico de la manifestación y todos desapareceremos para siempre.

Según la mitología hindú, Shiva se despereza, aunque no despierta del todo, cada 14.400 años, dándole un nuevo giro a nuestra realidad, que no son más que sus sueños. Estos «semidespertares» son cíclicos y sirven para acabar con una humanidad, para que dé comienzo otra bajo los auspicios de Shakti, y que durarán hasta que Shiva se despierte del todo y nuestro universo desaparezca para siempre. Según los cálculos más optimistas del Kali yuga, o gran ciclo, llevamos unos 3.700 años desde el último semidespertar de Shiva, y, según los peores, nos encontramos a sobre los 7.200 años del último gran cambio de la humanidad. De una o de otra manera, aún nos faltan unos cuantos miles de años para que Shiva vuelva a girar en su lecho celestial y Shakti cambie a la humanidad actual por una humanidad nueva.

Por supuesto, no faltan los que aseguran, cada fin de milenio o de siglo, que ese fin está cerca, y que Shiva el destructor abrirá los ojos definitivamente para acabar de una vez por todas y para siempre con el Maya creado por Shakti.

Shiva está relacionado con el séptimo chakra, donde se encuentra la divinidad inherente, mas no manifestada, en todos y cada uno de los seres humanos; mientras que Shakti está directamente vinculada con el Muladhara-chakra, porque es el que nos da forma y fundamento dentro de este mundo material y manifestado.

Para la creación del Muladhara-chakra reflejado en los seres humanos, fue necesario el concurso de otra pareja de dioses más cercanos a nosotros, porque Shiva y Shakti nos quedan demasiado lejos. Estos dioses son un avatar de Brahma, el dios niño que nos abre las puertas de la espiritualidad y la elevación de conciencia, y la diosa Dakini, la de los cuatro brazos, que nos da la vida y la muerte, y nos pone los obstáculos al tiempo que nos da las armas para superarlos.

Para que este chakra, regalo de los dioses, funcione correctamente sin bloqueos y sin excitaciones, debe mantenerse en armonía con sus reflejos, lazos y analogías de los mundos interno y externo, que en seguida pasamos a exponer:

LAZOS Y ANALOGÍAS DEL PRIMER CHAKRA FUNDAMENTAL

NOMBRE
Muladhara.

SIGNIFICADO
Base, raíz, cimiento, fundamento.

VISIÓN
En la videncia clásica aparece como una flor de un color parecido al azafrán y de cuatro pétalos que simbolizan los cuatro puntos cardinales, el centro de equilibrio del cuerpo humano, los cuatro elementos, la solidez, etc., pero para los videntes modernos aparece como un punto de luz vibrante que refleja colores que van del anaranjado al ahuesado, pasando por colores amarillentos y rojizos más o menos pálidos.

VIBRACIÓN
La vibración de este chakra se siente especialmente en las yemas de los dedos, como si unas agujas diminutas los tocaran.

La sensación se hace más profunda y magnética pasados unos segundos, cuando está sano.

Cuando está acelerado o excitado la sensación es más fuerte y puede percibirse perfectamente una suave onda de calor.

Si el chakra se encuentra bloqueado, las yemas de los dedos apenas su perciben una sensación eléctrica, de rechazo, y una especie de corriente helada entre el cóccix o el bajo vientre, y las yemas de los dedos.

Muladhara Chakra

Localización orgánica

En la base de la columna vertebral es donde se encuentra este chakra, pero también se percibe perfectamente en los órganos sexuales, el periné, el cóccix y el bajo vientre, donde comparte vibraciones con el segundo chakra superior.

Elemento fundamental

Este chakra pertenece al grupo de los elementos de Tierra, por lo que está muy relacionado con los signos de Tauro, Virgo y Capricornio, y los planetas Venus, Mercurio y Saturno, así como con las piedras, las arenas, los minerales y los metales pesados. Por ello se le relaciona habitualmente con la materia pura y dura, los instintos que han de superarse, la supervivencia, las fuerzas magnéticas y telúricas, la alimentación o la necesidad de comida, y hasta con los comienzos más primitivos de la unidad, la individualidad y la manifestación de la vida en este planeta.

ESTADO IDEAL

Todo lo que esté referido a la solidez, la seguridad, la firmeza y la estabilidad, tanto a nivel personal como a nivel social y económico, favorece a este chakra y lo coloca en un estado ideal. Las ideas claras y la tenacidad, la disciplina y la frugalidad, la fuerza de voluntad y las ganas de ser y estar, son conceptos vitales que le dan fuerza y armonía a este chakra.

FUNCIÓN FÍSICA

Regular el funcionamiento de los huesos, la médula ósea, los tejidos cartilaginosos, los tendones y las articulaciones; la alimentación, el nacimiento, el desarrollo físico y estructural. Este chakra está conectado directamente con los chakras inferiores y es el responsable de su buen funcionamiento y de la producción hormonal de los mismos. También despierta, incentiva y regula los instintos: el del hambre, el del sueño, el del sexo y el de la defecación. En resumen, su función física consiste en que los seres humanos arraiguemos y prosperemos en este mundo.

FUNCIÓN MENTAL

La pervivencia, la persistencia y hasta el deseo de continuidad y trascendencia son parte fundamental de la función mental de este chakra. Por tanto, el paciente que padezca algún problema relacionado con este chakra, deberá hacer acopio de realismo, constancia y disciplina, para que su pensamiento sea acorde a las funciones mentales del mismo. Aunque parezca fútil, incluso el realizar trabajos físicos que fortalezcan los músculos y los huesos, puede servir de ayuda para regular el funcionamiento de este chakra.

FUNCIÓN EMOCIONAL

Para mejorar las funciones de este chakra el paciente deberá tener una disposición anímica constante y paciente, prefiriendo a la virtud sobre el vicio y a la frugalidad y la humildad sobre los excesos y el orgullo, porque la función emocional de este chakra es servir, apoyar y ser la raíz o el fundamento de los demás centros de energía corporal. En otras palabras, el paciente que desee armonizar este chakra, deberá dejar fluir su vocación de entrega y servicio a los demás.

FUNCIÓN ESPIRITUAL

El Muladhara-chakra tiene como misión espiritual la de iluminar la materia, es decir, la de darle vida a los seres y a las cosas. Su vía espiritual es la del ascenso continuado, la del esfuerzo y la de liberar, finalmente, al espíritu de la mente y de la materia. El desarrollo espiritual y la ascensión de plano de este chakra es indispensable para el desarrollo del resto, es decir, que no se puede llegar a una altura espiritual mental, si antes no espiritualizamos el cuerpo. No hay que olvidar que nuestro organismo es el templo de nuestra alma y como tal debemos tratarlo y cuidarlo. No se trata de que nos aferremos a la materia y a la Tierra, sino de que elevemos a la materia y a la Tierra al rango del espíritu.

GLÁNDULAS

Tanto las gónadas sexuales como las cápsulas suprarrenales están vinculadas directamente a las vibraciones de este chakra. Por tanto, su correcto funcionamiento depende en buena medida de la producción de óvulos, espermatozoides, feromonas, estrógenos, testosterona, adrenalina, etc. Por supuesto, la fertilidad incide directamente sobre este chakra, por eso las personas que no son fértiles, por edad, cirugía o falta de sexualidad, padecen fácilmente de huesos y dientes.

ZONAS QUE AFECTA O QUE SANA

Rodillas, huesos, ligamentos, articulaciones, dientes; garganta, boca, nuca; cóccix, lumbares y cervicales; intestino delgado, tono muscular; órganos sexuales, recto, ano, esfínteres; las terminales de las vías urinarias, próstata y vejiga; dedo anular de la mano, dedos de los pies. Estos son sus puntos fuertes y de apoyo, pero también son sus puntos débiles.

ENFERMEDADES QUE PROVOCA O QUE SANA

Exceso de orgullo y aires de grandeza; rotura de ligamentos; fractura de rodillas; artritis; artrosis y arteriosclerosis; reumatismo y ciática; estreñimiento; obsesiones simples (trabajo y limpieza); obsesiones complejas (sexualidad y cleptomanía); obesidad o anorexia; neurastenia; enfermedades crónicas o de larga duración; caries fragilidad ósea y descalcificación; anginas y aftas bucales; septicemia (intoxicación o envenenamiento de la sangre por largas infecciones). La desarmonía de este chakra puede provocar accidentes y lesiones que afecten a las rodillas, la nuca y las cervicales, y en caso de deficiencia grave puede anunciar un aplastamiento.

COLOR DE BLOQUEO

En el aura de la persona o sobre el chakra específicamente, la percepción del color gris plomo o del color negro son claros síntomas de bloqueo. Estos colores suelen aparecer como manchas o nebulosas sobre la zona, y pueden tener una incidencia más que negativa sobre la salud en general, sobre todo si las manchas suben hacia otros puntos del organismo, ya que, como aseguran muchos videntes, pueden provocar el cáncer.

COLOR DE EXCITACIÓN

Cuando este chakra está muy enrojecido nos indica

que está excitado o sobrecargado. Muchas personas confunden este color con vitalidad y fuerza, cuando en realidad es un claro síntoma de infecciones, irritaciones y hasta desajuste de los apetitos y los instintos, o bien, de enfermedades venéreas.

COLOR DE ARMONIZACIÓN

Se puede pintar de color anaranjado pálido o color ahuesado el pubis o el cóccix para relajar, desbloquear y armonizar este punto neurálgico de nuestro sistema orgánico. Por supuesto, recibir la luz del sol del amanecer o del medio día sobre esta zona orgánica activará su vitalidad. Incluso la luz de estos colores focalizada sobre la zona tendrá un efecto harto benéfico. Una de las formas clásicas es utilizar ropa interior, pantalones o túnicas de estos colores, evitando utilizar colores oscuros cuando se padecen enfermedades relacionadas con este chakra.

MEDITACIÓN

Centrar el pensamiento en el momento de la concepción, cuando nuestras células básicas se fusionaron y dieron comienzo a lo que somos ahora. Pensar en todo aquello que conforma nuestras bases y nuestras raíces como seres humanos. Dejar que la mente y el espíritu entren en contacto con los dioses antiguos, con los ídolos de piedra, y con el móvil primario de nuestro ser y de nuestra existencia. Dependiendo de las creencias personales, elevar el espíritu a los dioses, o Dios creador, a las vírgenes y a las diosas, y hasta a los animales sagrados de nuestra cultura. Meditar en lo que se ha hecho y construido hasta ahora, y en lo que se piensa hacer y construir el día de mañana. Meditar en la estancia sobre este planeta y sobre la trascendencia de nuestro ser interno.

PRANA ASOCIADO

Primero respirar muy suave, para tener conciencia de la respiración, del hálito divino que nos inflama y da vida; luego inspirar suave y profundamente contando mentalmente hasta 7, retener el oxígeno dentro de nuestros pulmones contando mentalmente hasta 7, y espirar acompasadamente contando mentalmente hasta 7. Repetir 7 veces la respiración.

MANTRA ASOCIADO

Mientras se trata el presente chakra, ya sea en la meditación, la respiración, el ejercicio, el masaje o la gesticulación de la mano (mudra), es recomendable repetir la sílaba lam alargando la «a» y la «m», con un sonido entonado sobre la nota musical si. Otro mantra asociado es la vocal «o», en el mismo tono musical. Finalmente, es harto positivo repetir el verbo «tengo», tanto verbal como mentalmente, cuando se está operando sobre este chakra.

MUDRA ASOCIADO

Mientras el paciente está meditando, recibiendo masaje, sesión de relajación, o cualquier otro de los aspectos de la terapia dinámica chakra, debe unir sus dedos anular y pulgar para mejorar el circuito de la energía vital que recorre el organismo. Esto, además de potenciar y equilibrar la vibración del chakra, ayudará a desbloquear otros chakras inferiores, a percibir mejor los latidos del corazón y a elevar el plano de conciencia, ya que esta simple posición de manos es suficiente para abrir el acceso a otros planos superiores.

EJERCICIO FÍSICO

Para el buen desarrollo y funcionamiento de este chakra se recomiendan los ejercicios clásicos de la gimnasia sueca, los estiramientos y todos los que se realicen sobre tierra. El Tai Chi también es recomendable, así como el Hatha Yoga es esencial para el Muladhara-chakra. Es muy importante que los ejercicios se realicen con los pies descalzos y en pleno contacto con la tierra. Por supuesto, la escalada y las largas caminatas, que también corresponden al Muladhara-chakra, requieren un calzado adecuado para su desarrollo; sin embargo, se recomienda poner los pies completamente descalzos en tierra antes de iniciar una larga caminata o una escalada.

Hatha Yoga, esencial para el Muladhara Chakra

ALIMENTOS QUE LO FAVORECEN

Para las personas vegetarianas que quieran armonizar este chakra se les recomienda aumentar el consumo de cereales, frutos secos, huevos y productos lácteos; las frutas que no estén demasiado maduras y las verduras semicocidas.

Quedan prohibidas todo tipo de frituras o alimentos demasiado cocidos, procesados o elaborados industrialmente.

Para las personas que comen de todo, la recomendación es aumentar el consumo de carnes rojas maduras, a la plancha y no demasiado cocidas, especialmente las de cabra y oveja; sesos y vísceras; pescados azules; cereales integrales; alimentos ricos en fibra; fruta a medio madurar; verduras semicocidas y verduras frescas; brotes de soja y de alfalfa; yogur natural.

Los irritantes, picantes y excitantes quedan prohibidos al menos mientras se equilibra este chakra, así como los licores dulces y los alimentos demasiado dulces o azucarados.

AROMAS

Al Muladhara-chakra lo favorecen sobre todo los aromas de árboles y maderas, como el pino, el arce, el sándalo, etc.; así como el incienso natural y los perfumes de origen mineral. La disolución de esencias en agua de manantial potencia estos aromas a favor del Muladhara-chakra, pero eso no impide que el mismo alcohol mineral sea una buena fragancia para activar su vibración.

METALES

El plomo es un metal ampliamente relacionado con este chakra, pero no debe utilizarse cuando el chakra está vibrando con demasiada debilidad, sino cuando el chakra está excitado o demasiado «abierto».

No hay que olvidar que el plomo es un metal de bloqueo que protege contra las radiaciones y que impide el paso de emisiones y vibraciones. Un imán es un buen sustituto del plomo para abrir y equilibrar un Muladhara-chakra debilitado, sobre todo si el imán es natural. Basta con aplicarlo sobre el pubis o el cóccix para que el chakra responda.

CICLOS FAVORABLES

El sábado es el mejor día para tratar al Muladhara-chakra, pero puede operarse sobre él cualquier día de la semana si se hace al medio día o la media noche, o bien, cada siete minutos a partir de cualquier hora. Si se ha de hacer un tratamiento largo, los meses de enero y febrero son los mejores para empezarlo, o bien, el primer sábado de cada mes.

Las personas que mejor responden al tratamiento son las que tienen entre 0 y 21 años, las que se encuentran en proceso de menopausia, o las que rebasan los 49 años de edad. Por supuesto, cualquier persona que lo necesite, independientemente de su edad, puede recibir el tratamiento con éxito.

FIGURA

Para el tratamiento del Muladhara-chakra va muy bien que tanto el paciente como el terapeuta centren su pensamiento en la figura de un punto mientras se está trabajando sobre la zona afectada. El punto se puede visualizar como una intersección de rectas, como una luz en el firmamento, como la entrada de un túnel o una cueva, como un círculo, como un círculo con un punto en su centro, o como un simple punto redondo y negro, porque esta figura simple representa el inicio de todas las cosas, la base, la raíz y el fundamento del universo entero.

PIEDRA, CRISTAL O GEMA

El terapeuta se puede apoyar en una piedra, cristal o gema que vibre en la misma longitud de onda que el Muladhara-chakra. Todos los minerales de colores rojizos y anaranjados lo hacen, desde el rubí hasta el jaspe rojo, pasando por el mítico cinabrio, y ayudan decididamente a equilibrar el funcionamiento de este chakra.

Si no hay para rubíes, buenos son los jaspes

De hecho, cualquier piedra, desde la más común a la más sofisticada, y desde la arena hasta la arcilla, tiene una vibración simpática con el Muladhara-chakra, porque todas y cada una de las piedras están vinculadas a su funcionamiento.

Masaje

Existe un magnífico libro —*Bioenergética suave*, de Eva Reich y Eszter Zornànszky (véase Bibliografía)— que nos habla del masaje de mariposa y que toda persona dedicada a las terapias alternativas debería leer. Cito este libro porque soy amigo de los masajes muy suaves, así como de las dosis mínimas, y he comprobado que el calor humano es más eficaz que cualquier medicina.

En la terapia dinámica chakra no hay masaje que no empiece por el Muladhara-chakra, y el masaje que yo recomiendo se hace sin tocar apenas el cuerpo del paciente, de una manera suave y enérgica, de izquierda a derecha y en sentido ascendente.

El masaje específico para el Muladhara-chakra se puede administrar a un centímetro del cuerpo del paciente, moviendo la mano izquierda sobre el Muladhara-chakra y la mano derecha sobre el sobre el séptimo chakra, para hacer una especie de puente energético entre ambos chakras.

Dentro de la terapia dinámica chakra, y sin importar cuál es el chakra afectado, siempre se deberá iniciar el proceso de curación armonizando el Muladhara-chakra, porque es el chakra fundamental, la base energética donde se apoyan el resto de chakras.

La experiencia nos dice que si no empezamos por la base (incluso se puede empezar todo tratamiento dando un suave masaje a las plantas de los pies, donde se encuentran los marmas inferiores de la formación prenatal) tendremos más posibilidades de éxito al tratar otros chakras superiores. Esa misma experiencia señala a las personas de Capricornio como las más habituales en procesos inarmónicos del Muladhara-chakra. En segundo lugar, parecen las personas nacidas bajo la influencia de Tauro y Virgo. Y, en tercer lugar, y ya en la madurez, se encuentran las personas de Acuario. Son las más habituales, es cierto, pero esto no impide que el resto de los signos padezca de vez en cuando males, deficiencias o debilidades relacionadas con este chakra.

VII
SEGUNDO CHAKRA:
SVADHISTHANA, EL CHAKRA DE LAS SENSACIONES

El sexo es la única
función fisiológica
que no mata si no se ejerce,
por eso es la escogida
y la más fácil de prohibir
por morales y religiones.
DR. TAPIA

Aunque el Muladhara-chakra sea el que se encuentre más cerca de los órganos sexuales, el verdadero chakra de la sexualidad y los deseos, del amor y la atracción física, de la fertilidad y el deseo de trascendencia a través de nuestros descendientes, está instalado en el Svadisthana-chakra, el segundo chakra fundamental.

Esto se debe, en buena medida, a que es el segundo chakra, es decir, que en él se instala la polaridad o dualidad que hace posible la existencia de la vida en el universo. Este chakra es el punto energético que busca su par complementario: la persona que vibra en nuestra misma longitud de onda y que se convierte en nuestra compañera de procreación.

Prácticamente toda persona busca, consciente o inconscientemente, su opuesto complementario para ser uno en la vida, y el Svadisthana se encarga de esta función, dándole un sentido más sublime a las funciones sexuales instintivas o automáticas, donde la supervivencia no es tan importante como el poder compartir la vida y las experiencias con otra persona.

Por eso hay quien señala a este chakra como el punto central del cambio y la transformación, teniendo al enamoramiento, más que al amor espiritual, como puente de conexión que nos abre a nuevas experiencias, y es que después de encontrar a una persona con la que podemos complementarnos ya nada será igual en la vida para nosotros, y a esa persona no la podremos olvidar nunca.

Al llegar a este punto siempre salen a flote los conceptos de dualidad universal tan bien descritos por los chinos en el Tao, el I Ching y el Feng Shui —recomiendo sobre todo los estudios de T'sao Chan (véase Bibliografía)—, donde la plenitud y el vacío, como fuerzas primordiales del universo, dan lugar a todo lo que existe desde hace, por lo menos, 15 mil millones de años.

Femenino (yin) y masculino (yang), no son más que analogías de negro y blanco, frío y calor, oscuridad y luz, magnético y eléctrico, negativo y positivo, cero y uno, etc., etc., hasta decantar en el punto o cero que es el Muladhara-chakra, y el uno que es el Svadisthana-chakra. Por eso estos chakras son opuestos y complementarios, y gracias a ellos podemos dar vida paternal y maternal a nuestras creaciones físicas, mentales y espirituales, y por ello al Svadisthana-chakra a menudo se le llama el Asiento de la Vida.

Esta vida emerge y sube por la columna vertebral de los chakras, el Sushumna o Puente Principal, de forma directa hasta el séptimo chakra, o bien, discurre subiendo y bajando por dos canales que rodean la columna haciendo ochos en su recorrido. Estos canales son Ida y Píngala; Ida es la fuerza creativa femenina y Píngala es la fuerza masculina generadora, y conforman algo muy parecido a una instalación eléctrica que recorre por dentro el cuerpo humano. Cuando estos nadis o canales no están activos del todo, son simples cables, pero cuando la energía comienza a bajar y a subir por ellos, se convierten de pleno derecho en marmas o chakras inferiores con funcionamiento e importancia propia.

Cuando una persona siente conscientemente transcurrir la energía por los canales Ida y Píngala, eleva su

nivel de conciencia automáticamente, rompe el enros-
camiento de la kundalini y entonces puede conectar
de forma deliberada y consciente todos sus chakras,
desde el primero hasta el séptimo, alcanzando un éxtasis que le permite abrir las puertas de la verdadera
espiritualidad. Por supuesto, son muy pocas personas
las que logran este objetivo en una sola vida.

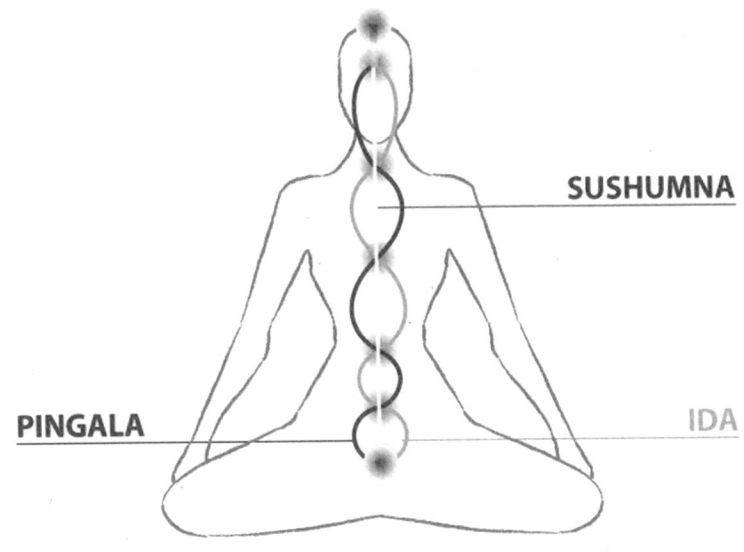

Píngala e Ida

El primero y el segundo chakras completan la primera conexión energética del organismo, dándole motricidad al niño que empieza a caminar y capacidad
de baile y movimiento a los mayores, por lo que una
mala conexión entre ambas podría suponer desde tor-
peza hasta parálisis.

La dualidad de ambas también está referida a las
funciones emocionales y racionales del cuerpo. Tanto
la inteligencia como los sentimientos emocionales se
expresan a través de Ida en la parte izquierda del organismo, desarrollando la intuición y la sensibilidad,
y se conectan finalmente con el lado derecho del ce-

rebro en la conexión final con el séptimo chakra. Por su parte Píngala se expresa activa y racionalmente en la parte derecha de nuestro organismo, y se conecta finalmente a la parte izquierda del cerebro en su terminal sobre el séptimo chakra, y todo gracias a la primera conexión entre el primero y el segundo chakras superiores, donde el Muladhara-chakra tiene una función masculina, y el Svadisthana-chakra tiene una función femenina.

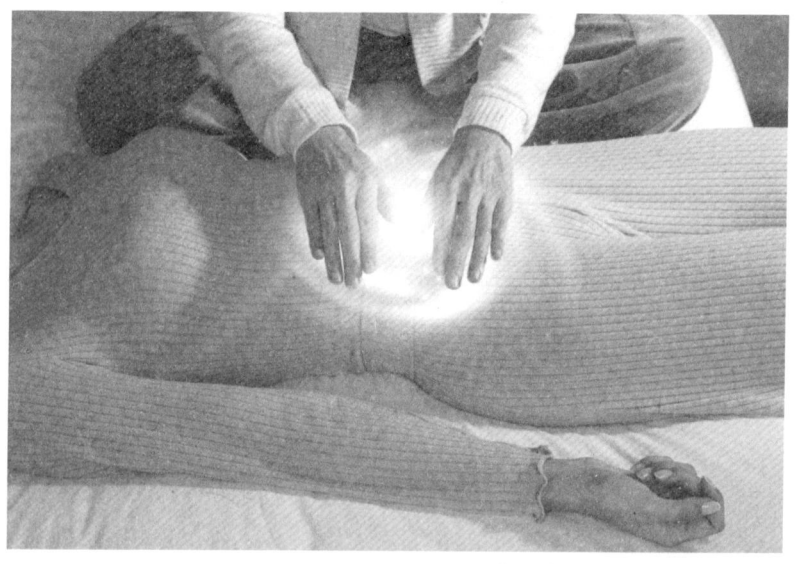

Alineando Muladhara y Svadisthana Chakras

Efectivamente, el Svadisthana-chakra conforma nuestra parte femenina, tanto si somos hombres como si somos mujeres, y de ella depende en buena medida nuestra capacidad de percibir, sentir, emocionarnos, intuir, recibir y aceptar, porque es un chakra eminentemente receptivo que necesita absorber antes de convertirse en un chakra creativo, ya que una vez que ha sido «llenado» es capaz de dar vida, inventar, crear y dar forma a los sueños y a la imaginación.

Visnú y Sakti Rakini, ambos dioses emperadores protectores de cuatro brazos, derraman sus bienes sobre el Svadisthana-chakra para darle forma y alma a la humanidad. Por eso el alma emocional se manifiesta en este chakra, sacándonos de nuestro estado animal para convertirnos en seres más éticos, sensibles y sociales, capaces de disfrutar del placer sublimando lo que antes era solo instinto.

Su relación con el organismo es clave, porque además de influir en los riñones o en el hígado, es el chakra que promueve el deseo de vivir y permanecer, el que da ánimo y rompe con la depresión y la tristeza, el que nos ayuda a renacer de nuestras cenizas, y el que saca pasión y fuerzas de flaqueza cuando las circunstancias externas no son favorables. En una palabra, que está directamente conectado con la psique. Para ver mejor su relación con el organismo y nuestra salud dentro de la terapia chakra, pasamos a relatar sus lazos y analogías:

LAZOS Y ANALOGÍAS DEL
SEGUNDO CHAKRA FUNDAMENTAL

NOMBRE
Svadisthana.

SIGNIFICADO
«De sabor dulce» sería la transcripción literal, pero muchos lo traducen como dulzura, y no falta quien lo llama ternura, sensualidad o sabor del placer, ni quien lo centre más en su función orgánica como útero, matriz o generador de vida.

VISIÓN
La visión clásica hindú de este chakra es una flor de seis pétalos de color rojo o anaranjado intenso. Para los videntes más modernos es un centro energético que arroja tonalidades rojas, granates y rosas,

capaz de emitir rayos o flamas cuando está excitado o apasionado. A menudo solo se ve como una gelatina flotante sobre la zona del ombligo, con suaves coloraciones rosas, naranjas y rojizas.

Svadisthana Chakra

VIBRACIÓN

La vibración de este chakra es punzante y cálida normalmente, y algunos videntes incluso dicen que «vibra con buen olor», o con un olor parecido al azúcar moreno quemado. Cuando hay una disfunción la vibración es chata y fría, como si pasara una corriente de aire entre la mano y el chakra, y hasta puede transmitir una sensación de extrema frialdad y vacío cuando la disfunción es grave.

LOCALIZACIÓN ORGÁNICA

Generalmente se le sitúa en la zona del ombligo, si bien hay quien defiende que realmente vibra desde las cápsulas suprarrenales, mientras que otros dicen que está situado en las primeras vértebras sacras móviles. Por supuesto, en cualquiera de estos puntos se puede percibir su vibración acercando las palmas de las manos o las yemas de los dedos. Personalmente, y porque siempre he percibido con mayor intensidad su vibración en este punto, pienso que este chakra tiene su asiento en el ganglio umbilical, en el caso de los hombres, y en la parte alta el útero o en la matriz en el caso de las mujeres.

ELEMENTO FUNDAMENTAL

No se puede negar que este chakra se encuentra como un pez en su elemento, el Agua, y gracias a esta correspondencia se le relaciona tanto con la vida primigenia como con la fuerza de las mareas y la potencia de las cascadas. La pasión y la sensualidad se expresan perfectamente a través de este chakra, lo mismo que la compasión, la maternidad y la ternura. A través de este elemento se vincula con todas las glándulas y el sistema endocrino en general, y también con los músculos, las grasas, la sangre, la saliva, las lágrimas y todos los humores acuosos del cuerpo humano. El agua que depura y el agua que crea, así como el agua que sustenta la vida y el agua que vuelve a su cauce pasada la tormenta, reflejan perfectamente la vibración de este chakra.

ESTADO IDEAL

El estado ideal de esta glándula con respecto al hombre es la actividad, la pasión y la creatividad, el dar forma y concreción a las cosas, mientras que, en el aspecto femenino, se encuentra mejor dentro de la sensibilidad, la sensualidad y la ternura. Por supuesto, los estados se pueden intercambiar y hasta complementarse en ambos sexos, porque tanto la recepción como la emisión, la sensualidad y la sexualidad, y, por supuesto la unión y fusión de los opuestos complementarios, son los que más y mejor armonizan el funcionamiento de este chakra.

FUNCIÓN FÍSICA

Su función básica es la del movimiento y el cambio. La locomoción; los cambios a nivel físico, psíquico y espiritual; el cumplimiento de etapas; el nacimiento de nuevas células; la depuración del organismo; el orden y la armonía del cuerpo con respecto a los ciclos de la naturaleza; la producción hormonal; evitar los excesos de comida, bebida y sustancias tóxicas; recuperación del ánimo; superación de obstáculos; y equilibrio de la psique.

Si habláramos de su relación con el hígado, tendríamos que señalar las cinco mil funciones que realiza este órgano vital, pero bastará con decir que el buen funcionamiento de este chakra es el mejor seguro que hay contra la cirrosis hepática y la hepatitis.

FUNCIÓN MENTAL

Mantener el ánimo y la buena disposición ante los accidentes o sucesos de la vida; desarrollar lo que hoy en día se conoce como inteligencia emocional, que no es otra cosa que poner a funcionar el instinto y las corazonadas, antes de obcecarse en lo aparentemente racional y material de las cosas. No hay que olvidar que la inteligencia emocional apela a los sentimientos y a la ternura antes que a las cuentas.

Por supuesto, tanto las fantasías como la imaginación creativa están ampliamente relacionadas con el segundo chakra fundamental; pero quizá su principal función es mantenernos con hambre: hambre de amor, hambre de satisfacción, hambre de progresar, hambre de ser, hambre de perpetuidad. No en vano su función mental básica es la búsqueda del placer, el deseo, el sexo, la unión, la fusión y la fertilidad.

FUNCIÓN EMOCIONAL

Bastaría con decir que este es el chakra de los deseos y los apetitos para comprender que la función más importante del segundo chakra superior es la emocional, ya que en ello reside aquello que nosotros llamamos alma, esa flama interior que nos mueve por el mar de la vida.

Las mujeres no suelen tener muchos problemas con esta función, pero a los hombres nos cuesta mucho demostrar nuestras emociones y nuestros sentimientos. Por ejemplo, a todos y cada uno de nosotros nos iría bien llorar de vez en cuando para aligerar la carga emocional que llevamos encima, pero mientras las mujeres lo hacen con normalidad, los hombres bloqueamos continuamente una función emocional tan sana como básica para nuestro equilibrio orgánico, mental y espiritual.

Por supuesto, no hay que exagerar ni sacar las cosas de sitio, porque un exceso de emociones y lágrimas nos puede llevar fácilmente a la dependencia de personas, afectos y hasta drogas, que desemboca casi siempre en la pérdida de la individualidad y la autodestrucción.

El equilibrio está, justamente, en el término medio: ni demasiado duro y encerrado en uno mismo, ni demasiado dependiente de nuestras emociones.

FUNCIÓN ESPIRITUAL

Aunque parezca una contradicción, la función espiritual de esta glándula es la de sublimar nuestros sentimientos y emociones para poder liberarnos de toda clase de deseos, apetitos, lazos y dependencias que puedan atarnos emocionalmente a esta Tierra. La materia atrae mucho, pero es mucho más difícil liberarse de los afectos, del reconocimiento y de los lazos de sangre o familiares, que de toda una fortuna cuando llega el momento de cambiar de plano. Los placeres de la carne y del alma son tan dulces y melosos, que incluso los fantasmas y los seres descarnados cercanos a nosotros los desean.

Los placeres de la vida a menudo nos pasan desapercibidos, y a algunos incluso los satanizamos, sin darnos cuenta que a veces hasta un gran dolor en realidad es un gran placer, o, en otras palabras, toda una experiencia vital que nos enriquece en conocimientos y sensaciones.

Activando el Svadisthana Chakra

No en vano prácticamente toda la medicina tántrica se basa en este segundo chakra fundamental.

GLÁNDULAS

Junto al Muladhara-chakra, este centro energético se expresa a través de los órganos genitales y las gónadas sexuales, pero también lo hace desde las suprarrenales, los riñones y el hígado. En el ombligo, aunque solo haya un ganglio umbilical como resto del cordón que nos unía a nuestra madre, existe una especie de glándula espiritual desde la cual nace el famoso cordón de plata que algunas personas utilizan o crean mentalmente al hacer un viaje astral, como sistema de seguridad que los mantenga unidos a este mundo material. Por otra parte, la mayoría de secreciones glandulares y secreciones fisiológicas tienen su asiento y deben su buen funcionamiento a este chakra.

El ombligo, sin duda, es un gran centro de curación, pues es la terminal maternal por la que nos alimentamos siempre.

ZONAS QUE AFECTA O QUE SANA

Cintura, caderas, vértebras coxígeas, piernas, sistema muscular, hígado, pies, tobillos, órganos sexuales, glándula toxicómana y por reflejo a las tiroides, sistema nervioso parasimpático, sistema locomotor, matriz, uretra, útero y por reflejo a los órganos sexuales, arterias y venas, sistema circulatorio en general, riñones y cápsulas suprarrenales, ganglio umbilical, intestino grueso.

ENFERMEDADES QUE PROVOCA O QUE SANA

Cuando este chakra está bloqueado puede provocar depresión endógena, astenia, desgana, falta de vitalidad, esterilidad, frigidez, menstruaciones dolorosas, amenorrea, baja tensión cardíaca, nerviosismo, eccemas, acné, pereza, dejadez.

Cuando está excitado provoca desórdenes sexuales, apetito desmedido, tendencia a los excesos, ira, rabia, irritabilidad, inflamación e infección de vías urinarias y órganos sexuales, cólicos hepáticos y cólicos nefríticos.

A las mujeres les afecta en la zona de las caderas y el recto, mientras que a los hombres les merma las funciones hepáticas. En ambos casos puede provocar o curar dolores coccígeos, ciática y debilidad en los huesos de las caderas: ilíaco y parte superior del fémur. Dolencias y malformaciones en los pies. Tumoraciones en el cuello de la matriz, la garganta y el hígado.

Hipotiroidismo y varices, y mala circulación, gota y retención de líquidos. Exceso de ácido úrico. Hepatitis. Falta de plaquetas. También causa tendencia a los vicios y las drogodependencias. Por supuesto, debilita al organismo frente a los contagios, y puede reflejar esterilidad o incompatibilidad sanguínea, tanto en las relaciones sexuales como en el caso de trasplantes o de colocación de prótesis.

Color de bloqueo

Los colores blancos o amarillentos rebelan una situación de bloqueo sobre este chakra. También el gris plata y el negro brumoso. Estos colores pueden verse poniendo a la persona de perfil ante una pared blanca, entornando un poco los ojos hasta que se perciba el calor que desprende el cuerpo, o el halo del aura, y sobre esta capa aparecerán, en tonalidades muy suaves, los colores descritos.

Color de excitación

Si la persona está excitada sexualmente, es normal que desprenda más calor del habitual en esta zona y que los colores que emerjan sean de un rojo encarnado intenso, y si está enfadada es muy posible que dicho color se convierta en un color marrón sanguinolento. Lo que ya no es normal es que el chakra emane estos colores cuando la persona está calmada o en la consulta.

Color de armonización

El color que mejor armoniza esta zona es el rosa, porque relaja y distiende, sobre todo cuando los colores son muy intensos o cuando la persona está muy nerviosa o excitada.

Pero cuando el chakra está bloqueado o muy débil

en su vibración, es recomendable empezar por aplicar un color anaranjado intenso, para pasar después a la aplicación de un rojo primario.

Cuando empiece a equilibrarse o a armonizarse, se le debe aplicar un color granate o rojo obispo (rojo violáceo), para que acabe de estabilizarse.

Estos colores pueden aplicarse con luces directas, telas, ropas o incluso con colores acrílicos, aplicándolos generosamente en la zona afectada, como si estuviéramos pintando una pared, y dejar que el color permanezca en contacto con la piel desnuda por lo menos durante 45 minutos.

MEDITACIÓN

Para mejorar el equilibrio de este chakra, la persona debe sentarse, respirar profundamente, unir sus dedos índice y pulgar, y proyectar el pensamiento sobre sus sentimientos y emociones. Sobre lo que desea y no desea de la vida. Sobre sus aciertos y sobre sus fallos, sin orgullo ni sentimientos de culpabilidad, sino como el simple repaso a unos hechos que conforman el bagaje vital. Después centrar el pensamiento en el ombligo y dejar que se una a la madre universal, para elevar el nivel de comprensión y pensamiento, e imaginar acto seguido que de ese mismo cordón dependen nuestras creaciones, hijos y obras, y hasta nuestro propio ser proyectado fuera de nosotros mismos, como si lo hubiéramos dado a luz y se alimentara de nosotros. Dejar que las emociones, los placeres, los dolores y los sentimientos nos recorran de abajo a arriba y de arriba abajo, sin temer a que se derramen nuestras lágrimas. Inspirar profundamente y con fuerza imaginando que atraemos hacia nosotros la felicidad, el amor, la paz y la tranquilidad, y espirar con fuerza imaginando que sacamos de nuestro interior la tristeza, el dolor y las ataduras.

PRANA ASOCIADO

Primero respirar muy suave, para tener conciencia de la respiración, del hálito divino que nos inflama y da vida; luego inspirar suave y profundamente contando mentalmente hasta 6, retener el oxígeno dentro de nuestros pulmones contando mentalmente hasta 6, y espirar acompasadamente contando mentalmente hasta 6. Repetir 6 veces la respiración.

MANTRA ASOCIADO

Mientras se trata el presente chakra, ya sea en la meditación, la respiración, el ejercicio, el masaje o la gesticulación de la mano (mudra), es recomendable repetir la sílaba vam pronunciando la «v» como una suave «vu» y alargando la «a» y la «m», con un sonido entonado sobre la nota musical la. Otro mantra asociado es la vocal «u», en el mismo tono musical y haciendo vibrar desde el paladar duro el sonido de la letra. Finalmente, es muy conveniente repetir el verbo «siento», tanto verbal como mentalmente, cuando se está trabajando sobre este chakra.

MUDRA ASOCIADO

Mientras el paciente está meditando, recibiendo masaje, sesión de relajación, o cualquier otro de los aspectos de la terapia dinámica chakra, debe unir sus dedos índice y pulgar para mejorar el circuito de la energía vital que recorre el organismo. Esto, además de potenciar y equilibrar la vibración del chakra, ayudará a desbloquear otros chakras inferiores, a percibir mejor los latidos del corazón y a elevar el plano de conciencia, ya que esta simple posición de manos es suficiente para abrir el acceso a otros planos superiores.

EJERCICIO FÍSICO

El mejor ejercicio físico para equilibrar y armonizar el Svadisthana-chakra es la danza, sobre todo si en esta se mueven las caderas. Todo ejercicio que mejore la motricidad, desde una suave carrera hasta montar a caballo o en bicicleta, son estupendos para desbloquear este chakra, fortalecer los huesos y los músculos, y mejorar las funciones hepáticas y renales. No se trata de abusar ni de hacer esfuerzos excesivos, sino todo lo contrario, ya que mientras más suaves y placenteros resulten los ejercicios, mejor funcionará nuestro segundo chakra fundamental.

No hay que olvidar, por supuesto, la natación y los baños, sobre todo con agua de río o de mar, porque en ellos el segundo chakra fundamental se encuentra en su elemento primordial.

ALIMENTOS QUE LO FAVORECEN

En la etapa de formación o infancia son muy importantes los líquidos y los lácteos para fortalecer al Svadisthana-chakra, pero en la adolescencia, sobre todo al alcanzar la pubertad y mientras se definen las características sexuales secundarias masculinas o femeninas, conviene ingerir carnes frescas, rojas y no demasiado cocidas o fritas.

Cuando este chakra está bloqueado o necesita un refuerzo, es aconsejable el consumo de levadura de cerveza, jalea real y miel de abeja.

Para problemas de esterilidad o incompatibilidad sanguínea se recomienda tomar un diente de ajo crudo todas las mañanas, media hora antes del desayuno, como si fuera una píldora, e incluso es recomendable frotar un diente de ajo, todas las noches, sobre el cóccix o el bajo vientre, siguiendo la unión de los chakras primero y segundo.

Para mantenerlo en equilibrio hay que beber un litro y medio de agua pura todos los días, y consumir frutos acuosos o jugosos, como melón, sandía, uva y ciruela, o bien, frutos cítricos.

Los peces y mariscos, que son los alimentos más

adecuados para el buen funcionamiento de este chakra, pero mientras que los peces blancos se pueden consumir desde la cuna hasta la tumba, los mariscos no son recomendables para los menores de 7 años.

Aromas

Los aromas más adecuados para este chakra son la mirra y las rosas, que pueden servir tanto para acompañar la meditación como para limpiar y depurar el ambiente. En segundo lugar, se encuentra el incienso de iglesia, sobre todo cuando la persona tiene aspiraciones espirituales. Pero si lo que se quiere es acompañar a los deseos, la sensualidad, la sexualidad y los placeres, se recomiendan los olores vivos, como el de la canela, el azúcar moreno o la miel de abeja.

Metales

El metal clásico de este chakra es el estaño, por su simbolismo de unión y de capacidad de mediar entre otros dos metales, y es más que recomendable usarlo cuando se realice, o intente realizar, una proyección mental o astral utilizando como base a este chakra. De hecho, el famoso cordón de plata tan celebrado en la literatura esotérica, en realidad debería ser de estaño.

Una pulsera de este metal colocada en la muñeca de la mano izquierda o en tobillo derecho, o bien un anillo de estaño en el índice, es un estupendo relajante y tranquilizante de los nervios, que ayuda a mejorar las funciones hepáticas y renales, al tiempo que fortalece la masa muscular y une las energías de los chakras primero, segundo y tercero.

Ciclos favorables

El mejor día para iniciar un tratamiento sobre el Svadisthana-chakra es el jueves, tanto a media mañana como a media tarde, sobre todo en caso de pacientes masculinos; mientras que el lunes es más adecuado para tratar a las mujeres.

Si se trata de un tratamiento largo, lo más indicado es comenzarlo el mes de diciembre, o el mes de marzo en su defecto.

Para tratamientos de fertilidad, sexualidad o sensualidad las mejores épocas son el comienzo de la primavera y el inicio del otoño.

El mes de noviembre es especialmente positivo para realizar un desbloqueo, lo mismo que los días martes; pero es muy mala época si lo que se desea es restarle excitación.

También es un muy buen momento cada vez que el paciente vaya a realizar un cambio en su vida, ya sea de trabajo, de estudios o de domicilio, porque este chakra se refleja muy bien en todo lo que sean nuevas andaduras, iniciaciones y cambios.

Por supuesto, cualquier momento es bueno para armonizar y equilibrar este chakra si la situación lo requiere o lo amerita.

Figura

Tanto en momentos de meditación, relajación o durante el tratamiento, hay que centrar el pensamiento en una línea. La línea no es más que una sucesión de puntos, es decir, es la expresión continuada del Muladhara-chakra que se refleja en el desarrollo del Svadisthana-chakra, que se encarga de darle continuidad al desarrollo y asentamiento de nuestro ser en este planeta.

La línea horizontal es la mejor para mantener a este chakra en equilibrio, pero si lo que se pretende es desbloquearlo, hay que imaginar una línea recta ascendente. Si es un problema de locomoción o sexual, la línea que hemos de poner en nuestra mente deberá ser completamente vertical. Finalmente, y si lo que se desea es reducir la excitación o la vibración del chakra, la línea deberá marcar una diagonal descendente.

Basta con cerrar los ojos, unir los dedos índice y pulgar, respirar profunda y suavemente, y dejar que nuestra mente encuentre, entre las luces de su oscuridad, la línea deseada. No hay que olvidar que mantener la idea de la línea en la mente es positivo tanto para el paciente como para el terapeuta.

PIEDRA O GEMA

Desde la arena del mar hasta las piedras o lajas comunes de río, y desde los ópalos de fuego hasta las perlas, pasando por todas las piedras, preciosas o no, de color rojo, anaranjado, rosa o granate, podemos encontrar una gran variedad de piedras en la naturaleza para potenciar y equilibrar al Svadisthana-chakra.

Las conchas de los moluscos, lo mismo que las perlas, y hasta los corales o los fósiles marinos, aunque no sean piedras propiamente dichas vibran en la misma longitud de onda que el Svadisthana-chakra, y son estupendo apoyo para su tratamiento y mejora.

MASAJE

Primero hay que hacer un breve masaje energético sobre el primero y séptimo chakras, para pasar después a hacer lo mismo con el segundo y el séptimo chakras.

Una vez que las manos perciben claramente las vibraciones del chakra, hay que centrar ambas manos sobre la zona del ombligo, como si formáramos un triángulo o un círculo alrededor con los dedos, hasta que la sensación de ambas manos sea la misma.

Generalmente la palma de la mano izquierda se pone caliente, mientras que la palma de la mano derecha se pone fría, como si fueran los polos opuestos de un imán o de un cable.

En el caso del Svadisthana-chakra, por ser el chakra de la unión o fusión de los opuestos, la sensación en ambas manos tiene que llegar a ser la misma, y lo mejor, por supuesto, es que ambas se pongan cálidas, porque significa que el chakra responde positivamente al tratamiento. Una vez que las manos se pongan calientes, continuar con el masaje girando las manos sobre la zona durante unos minutos, pero sin dejar que la temperatura suba demasiado.

Si la sensación es fría en ambas manos, hay que efectuar un masaje directo sobre los pies, después sobre las caderas, y finalmente repetir el masaje energético (sin necesidad de contacto directo) sobre los chakras como se indica en las líneas anteriores.

VIII
Tercer chakra:
Manipura, el chakra de la fuerza

No hay mayor fuerza
en este mundo
que la fuerza
de voluntad,
que ni el amor ni la fe
la pueden igualar.
SALOMÉ

Ningún chakra funciona solo, todos van apoyándose y vitalizándose desde el Muladhara-chakra hasta el séptimo chakra, intercambiando y depurando la energía existencial que nos sustenta. Ni siquiera el Manipura-chakra, el que mejor se percibe por propios y extraños, el que mejor emite la energía y mejor la absorbe, se escapa de la línea ascendente del espíritu en busca de su liberación.

El Manipura-chakra es el chakra del Yo, del ego, de la personalidad y de las emociones elevadas y sublimadas en pura fuerza de voluntad. En este centro energético se regula la inteligencia emocional y se ordena el caos de los sentimientos. A partir y a través de él podemos dominar los miedos y demonios que llevamos dentro.

El Manipura-chakra es como una gran copa imposible de llenar, es, como dicen los taoístas, ese pequeño vacío que todos llevamos dentro y que es imposible de llenar. Este chakra prefiere consumir sensaciones y emociones que alimentos sólidos, porque es el que padece la mayor de las hambres, el hambre de ser y de individualizarse, de aspirar a ser Dios, aunque se reconozcan las limitaciones humanas, de tener conciencia clara y lúcida de uno mismo.

Esta insatisfacción perpetua se debe en buena medida a que a partir de este chakra creamos nuestra realidad, una realidad que está compuesta por los más finos tejidos de Maya, la sustancia vital del universo que es sólida y verdadera por más ilusoria que sea.

Vivekananda nos cuenta que cuando Arjuna le preguntó a Krishna qué era Maya, Krishna simplemente le respondió: «Por favor, tráeme un vaso de agua, que tengo la garganta demasiado reseca como para contestarte».

Arjuna, espoleado porque Krishna le rebelaría por fin uno de los más grandes secretos de la existencia, fue corriendo por un vaso de agua. En todo palacio no había una sola gota de agua, ni en los pozos ni en las fuentes ni en los manantiales, así que Arjuna salió al pueblo, donde la falta de agua se repitió. Salió apresurado y angustiado al campo, se internó por el bosque y subió por la montaña, pero no encontró agua por ninguna parte.

Descansó un poco, puso sus pensamientos en orden y se le iluminó el rostro cuando recordó que el caudal del río no estaba demasiado lejos de esas montañas, y hacia allá se dirigió.

En el caudal tampoco había agua, pero Arjuna no se dio por vencido y fue siguiendo la polvorienta senda seguro de que, tarde o temprano, encontraría agua.

Por fin el cansancio lo venció y se quedó dormido en el lecho seco del río. Mientras dormía se desató una terrible tormenta, el río creció de pronto y lo arrastró con violencia hasta tierras desconocidas. Cuando vio su vida en peligro se olvidó del vaso de agua y luchó con todas sus fuerzas por salvarse, pero el agua fue más poderosa que él y pronto quedó sin sentido.

Despertó varios días después, molido y enfermo, en un lecho humilde de un pueblo desconocido. Era la casa de un santón que lo alimentó, cuidó y curó hasta que recuperó las fuerzas.

La hija del santón fue la que más hizo por reconfortar a Arjuna, y entre ambos nació la flor del amor y el entendimiento. Arjuna, repuesto y enamorado, no tenía en la mente lugar para otra cosa que no fuera su amor por la hija del santón, y unos meses después se celebraba la boda.

Arjuna y Krishna, ¿qué es Maya?

Arjuna tuvo varios hijos y nietos, y se dedicó con gusto a hacer feliz a su mujer y prósperos a sus hijos. Era tan feliz, que no sabía cómo dar gracias a los dioses.

Un día, cuando ya era viejo, viudo y solitario, sintió que una terrible sed invadía su garganta, y solo entonces, después de sesenta años, recordó que su maestro, Krishna, se había quedado esperando por un vaso de agua que él debía llevarle. Se golpeó en la frente, llenó un odre de agua fresca y pura del manantial del pueblo, cogió su bastón, y con dificultades, pero con denotada firmeza, salió de su cabaña y abandonó su pueblo en busca del palacio de Krishna para llevarle el vaso de agua prometida.

Cuando llegó por fin delante de Krishna y le ofreció

un vaso de agua inclinando la cabeza por su terrible olvido, Krishna le sonrió y le dijo: «¿Lo ves?, todo eso es Maya». Entonces Arjuna comprendió la respuesta de su maestro.

Todos nosotros somos un Arjuna que teniendo la respuesta ante nuestras narices la seguimos buscando por todas partes, en espera de que nos sea revelada.

La revelación se encuentra dentro de nosotros, y se refleja en lo que sucede a nuestro alrededor, creándose a partir de la polaridad de los dos primeros chakras para manifestarse a través del tercero, el Manipura-chakra.

Este tercer chakra es el hijo, el producto de los dos primeros, y marca el desarrollo y el crecimiento de las experiencias vitales, aumentando nuestra hambre de ser y estar, nuestra necesidad de preguntar, de saber, de encontrarnos a nosotros mismos.

No hay chakra más ardiente ni más vital que el Manipura-chakra, porque es el asiento de la búsqueda de la conciencia. Nuestros primeros rasgos de inteligencia y viveza, de agudeza y hasta de humor e ironía, se fundamentan en este chakra, de la misma manera que se fundamentan la fuerza de voluntad y la capacidad de luchar contra los obstáculos que se nos presentan a lo largo de la vida.

Todos somos un poco guerreros dispuestos a conquistar el cielo con la espada del espíritu, cuando vemos que no lo podemos conquistar de otra manera. Este chakra nos da las primeras armas de ataque y defensa, y la capacidad para crearlas e inventarlas, es decir, que nos da el ingenio suficiente para que transformemos en realidad nuestras ideas. No hay que dejar de lado que este chakra también es capaz de emitir rabia, violencia, ira y destrucción, apoyándose en las glándulas suprarrenales y en el jugo gástrico del estómago.

Este tercer chakra es una especie de antena que siente y presiente lo que está por venir o lo que está pasando, ya sea frente a nosotros o a distancia.

Cuando presentimos que algo malo va a pasar o algo malo está pasando, en la boca del estómago sentimos como un vacío de intranquilidad.

Si lo que va a pasar es bueno, lo que sentimos es un cosquilleo inquietante que se convierte en un nerviosismo que recorre todo el cuerpo.

Cuando estamos tristes o débiles, sentimos como una loza sobre el plexo solar.

Y cuando estamos contentos sentimos como si algo que llevamos dentro del plexo solar fuera a salirse de nosotros.

Si queremos esconder algo o mantener una reserva, cruzamos los brazos sobre la boca del estómago, pero si lo que queremos es vender algo o relacionarnos, abrimos los brazos y elevamos el pecho como si quisiéramos mostrar la luz del Manipura-chakra.

Basta con poner la mano a la altura del plexo solar para sentir el calor de este chakra, y no hace falta ser vidente ni una persona especialmente sensible para percibir claramente las vibraciones de este centro energético.

Este es el chakra que más desarrollado tenemos los seres humanos de nuestra época, y en el que nos basamos para enfrentar la vida. Quizás el día de mañana las generaciones futuras alcancen a dominar el cuarto chakra, consciente o inconscientemente, como nosotros dominamos el Manipura-chakra, para dar un nuevo paso ascendente en la evolución de la humanidad.

Mientras tanto tendremos que seguir trabajando, armonizando y equilibrando este tercer chakra, para afianzar nuestras posiciones actuales y tener una buena base para seguir adelante.

El Manipura-chakra, por sí solo, es capaz de decantar la balanza de la salud o de la enfermedad, ya que es la representación del fuego, sagrado, mental y físico, capaz de transformar todo lo que toca, ya que nada queda indemne ante la acción del fuego. Este fuego puede vitalizar, dar energía y calor, otorgar poder y jerarquía; pero también puede quemar y destruir, o acelerar demasiado los procesos rompiendo con el orden establecido.

Este tercer chakra, que se apoya en el primero y el segundo, hace que se eleve la energía con fuerza, como si de un horno se tratara, para transformar todo aquello que entra en nuestro organismo, nuestra mente o nuestro espíritu, y por ello mismo es el que más equilibrio y armonía necesita.

LAZOS Y ANALOGÍAS DEL TERCER CHAKRA FUNDAMENTAL

NOMBRE
Manipura.

SIGNIFICADO
Manipura significa «piedra que resplandece», pero como a algunos traductores una piedra resplandeciente les parece poco, también le han llamado joya lustrosa, gema brillante, piedra preciosa iridiscente y todos los símiles que han podido encontrar. Pero el Manipura no nos habla de una joya que pueda colgarse en el cuello, sino de nosotros como piedra o materia capaz de resplandecer con luz propia. Y es que el Manipura-chakra no es una cosa ajena a nosotros, sino el mismo asiento de nuestra conciencia actual: nuestro Yo personalizado e individual que pretende trascender en el tiempo y el espacio como tal y brillando con fuerza.

VISIÓN

Hay quien lo ve completamente dorado, luminiscente y brillante, pero la mayoría de los videntes coinciden en verlo simplemente de un color amarillo primario y vivo, que a menudo se enciende como el sol y arroja destellos dorados, rojos y anaranjados, pero que sigue siendo amarillo en su base.

A veces basta con centrar la atención en el plexo solar de una persona para ver el aura vibrante de este chakra, con suaves y transparentes tonalidades amarillas. Si la persona se pone de perfil y detrás de ella hay una pared lisa y blanca o lila, el contraste nos permitirá ver con mayor felicidad la emisión áurica de este chakra.

En la visión clásica es una flor mágica y brillante de diez pétalos, una flor de fuego activa y centelleante, de un color ámbar cristalino con destellos dorados.

Manipura Chakra

VIBRACIÓN

La vibración de este chakra es eminentemente cálida y punzante, cuando quiere expresar algo, y cálida y absorbente, como si atrajera nuestra palma de la mano hacia sí, cuando desea absorber algo.

Cuando lo bloqueamos porque deseamos reprimir una emoción o porque queremos mantener algo en secreto, emite un pequeño remolino frío dentro de la calidez circundante, como si se le hiciera un pequeño agujero a su energía.

Si el bloqueo se debe a una enfermedad, la sensación será de un remolino frío más grande, con un pequeño punto o centro de calidez que se refleja en el centro de la palma del terapeuta.

Si está excitado porque nos sentimos fuertes y poderosos, o porque estamos de muy buen humor, el calor del chakra será expansivo y rodeará la palma de la mano del terapeuta transmitiendo el calor también en el dorso de la mano.

Si la excitación se debe a una enfermedad, la sensación será de calor extremo y en el centro de la palma del terapeuta se sentirá una especie de pinchazo, como si se clavara una aguja, en el centro de la palma de la mano.

Por último, si la energía es descendente, es señal de que la persona se está encerrando en sí misma y en sus problemas; si es ascendente denotará fuerza y vitalidad, capacidad de recuperación y deseo de mejora y curación; y si se dispara hacia arriba, es clara señal de megalomanía, exceso de fantasía y demasiado miedo a la realidad y a las enfermedades.

Localización orgánica

Aunque algunos autores e investigadores se siguen confundiendo y lo colocan casi sobre el ombligo por el reflejo o conexión del segundo chakra, este chakra está claramente colocado sobre el plexo solar y se expresa perfectamente a través de la boca del estómago y las vértebras lumbares y primeras dorsales.

Se apoya en las glándulas suprarrenales en conexión con el segundo chakra fundamental, pero se refleja mejor en el páncreas, el estómago, el apéndice, el intestino delgado, el bazo y la vesícula biliar.

También tiene un conexión directa con el plasma sanguíneo (produce los glóbulos blancos de defensa y aumenta y protege a los glóbulos rojos) y con la fuerza muscular del corazón; pero es más incidente en los procesos digestivos, en la asimilación y en el metabolismo de los alimentos; se puede decir que es el horno donde se quema el combustible que consumimos todos los días, y no solo en el ámbito físico, sino también en el mental y el espiritual, por lo que este chakra, junto con el estómago, puede ser nuestro segundo corazón o nuestra segunda mente.

ELEMENTO FUNDAMENTAL

El Fuego que todo lo transforma; el Fuego sagrado de las primeras existencias y de las primeras formas; el Fuego divino que conecta a los seres humanos con la divinidad; el Fuego creativo que desarrolla y genera; el Fuego vital que anima y eleva; el Fuego de los sentimientos y las pasiones, pero también el Fuego de la calidez y la ternura; el Fuego destructor, el Fuego de las brasas y el Fuego de las cenizas de donde ha de renacer la vida, y, por supuesto, el Fuego de la iniciación, la apertura y el bautismo.

El Fuego místico y carnal a la vez; el Fuego que cocina los alimentos y que preserva la vida; el Fuego Luz que se abrió paso entre las sombras rasgando la eterna frialdad y oscuridad del espacio, y el Fuego de la primera luz o alumbramiento de todo nacimiento; el Fuego de las ideas y el Fuego del ser interior que pervive dentro de nosotros y que trascenderá esta experiencia vital manteniéndose por siempre en la línea y la rueda de la existencia.

Una sola chispa de este Fuego es capaz de dar vida y salud a todo un universo, y por lo tanto también nuestro cuerpo; pero no hay que olvidar que también una simple chispa de este Fuego puede consumirnos por completo.

ESTADO IDEAL

El buen humor, la alegría, la felicidad, la actividad, la energía, el deseo de ser, estar, sentir y vivir; lo novedoso, lo creativo, los proyectos, las experiencias, la juventud, la infancia, los juegos y la risa; pero también la fuerza, el poder, la lucha, la perseverancia, la aspiración, la sana ambición, el valor, el coraje, la voluntad y el deseo de superación.

Para que este chakra se encuentre en armonía y equilibrio, debe permanecer en constante movimiento, basculando entre el pensar y el hacer, entre el proyectar y decidir, entre el reír y el luchar.

Sus peores enemigos son la ignorancia y el miedo; la ignorancia porque le impide ascender y avanzar, y el miedo porque es el único alimento de las sombras, y este chakra es todo luz que resplandece desde nuestro interior hacia el cielo.

FUNCIÓN FÍSICA

El Manipura-chakra es el centro de la voluntad y el poder, y su función física es la de asentar el crecimiento y desarrollo del organismo en la juventud, impulsándolo a que alcance su esplendor físico, mental y espiritual. Se encarga, además, de aprovechar los alimentos y de distribuirlos correctamente hasta el último rincón del cuerpo humano.

Aunque no nos parezca una función física, simplemente porque no la vemos, el Manipura-chakra es el encargado de absorber y distribuir las energías que llegan hasta nuestro cuerpo.

Ayuda a todos los procesos de protección e inmunidad ante los agentes nocivos externos, al tiempo que fortalece y anima las funciones orgánicas internas.

Una actitud física positiva y activa le favorece enormemente.

FUNCIÓN MENTAL

Así como hay una función física y hasta automática de querer ser, estar y vivir, hay una función mental donde la voluntad es imprescindible para seguir adelante, y en este campo el Manipura-chakra promueve la voluntad de crear, pensar, imaginar y proyectar, pero no se detiene ahí, ya que también es el principal promotor de llevar esas mismas ideas y proyectos a la realidad.

El Manipura-chakra nos impulsa a asumir responsabilidades, a vencer los temores y a superar los obstáculos que se nos presentan en la vida; a tomar conciencia de nosotros mismos y a dominar, en medida de lo posible, lo que sucede en nuestro templo corporal.

Este es un chakra poderoso que puede deslumbrarnos con su luz de poder y vitalidad, por tanto, no debemos dejarnos vencer por sus ansias de triunfo ni por su ambición desmedida. Nos impulsa a ser los mejores, es cierto, pero podemos caer fácilmente en la tentación de sentirnos superiores a los demás. Así que más vale tenerlo en armonía y equilibrado, en lugar de excitarlo con falsas expectativas.

FUNCIÓN EMOCIONAL

Reír, disfrutar de las pequeñas cosas de la vida, descubrir, aprender, experimentar, abrir nuevas puertas a nuevas sensaciones, mantenernos jóvenes de cuerpo, mente y espíritu, pero hay que tener cuidado con la vanidad que también se despierta en este chakra por la influencia de la bella diosa Lakini.

Además de la alegría, este chakra pone en funcionamiento la fuerza y la capacidad de lucha, y a menudo promueve la ira y el coraje, que, si bien no son recomendables socialmente, a veces son necesarios para enfrentar los problemas y las injusticias de la vida.

Por otra parte, este chakra es la base de la nobleza, la sinceridad y la generosidad, y capaz de sublimar los dones de mando y de liderazgo, convirtiéndolos en autodominio y autosuperación. Y si bien llegar realmente a este punto no es nada fácil, vale la pena intentarlo.

FUNCIÓN ESPIRITUAL

A veces puede suceder que nos confundamos o que nos deslumbremos con la potente luz de este chakra, que puede hacernos pensar que hemos alcanzado la iluminación o el Nirvana, cuando en realidad solo estamos sobrealimentando el ego. Tanto es así, que algunos consideran «peligrosa» la vía espiritual del Fuego, ya que en ella hay demasiadas tentaciones de poder y de egocentrismo.

Con el tiempo, la evolución personal y el desarrollo interior, la función final de este chakra es precisamente el desprendimiento del ego, y la aceptación de que nuestra individualidad es transitoria y temporal, porque para liberarnos realmente de las ataduras que nos retienen vida tras vida en este mundo y este plano material, es indispensable dejar de ser quién creemos que somos, para ser quién realmente somos: una chispa de luz que se reunirá y se fundirá tarde o temprano con la luz verdadera.

Mientras tanto, nos ayuda a subir la energía vital por los canales de Ida y Pingala, permitiéndonos elevar nuestros conocimientos y nuestra conciencia, y dejándonos abrir las puertas de los siguientes chakras superiores. No en vano su función espiritual principal es despertar en nosotros la aspiración de lo elevado y lo divino.

GLÁNDULAS

El Manipura-chakra está íntimamente relacionado

con todo el sistema linfático (páncreas, bazo, linfa, etc.), pero también se refleja con fuerza en los ganglios de las axilas y las glándulas salivales.

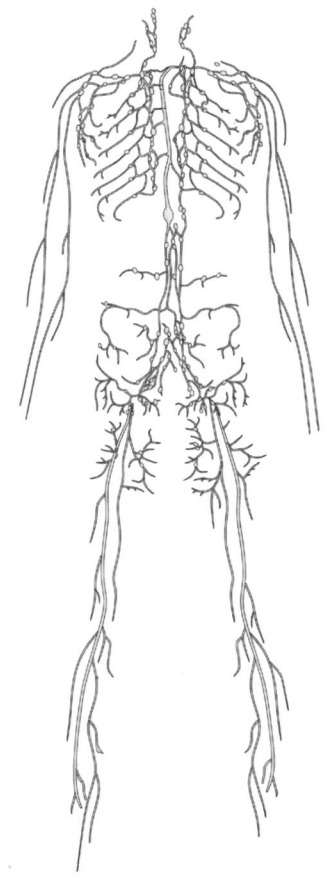

El sistema linfático es el Yo, porque lo conecta todo

También sirve de ayuda en la regulación cardíaca, sobre todo cuando activa la adrenalina de las glándulas suprarrenales.

Además, el Manipura-chakra actúa directamente sobre las células aportándoles sangre, comida y oxígeno, es decir, combustible y energía pura. Se podría decir que en el centro de cada célula de nuestro cuerpo hay un nadi reflejo del Manipura-chakra, o bien, que cada una de nuestras células tiene su propio Manipura-chakra central.

ZONAS QUE AFECTA O QUE SANA

Todo lo que está contenido en el vientre del cuerpo humano, y parte de lo que está contenido en el tórax, puede ser sanado o dañado gracias a la armonía o desequilibrio del Manipura-chakra, es decir, todos los órganos con los que se relaciona directamente, pero no todo queda ahí, porque como horno y crisol que es, el Manipura-chakra puede afectar o sanar todas y cada una de las partes de nuestro organismo.

Por tanto, el buen mantenimiento de este chakra puede reportarnos una vida larga y sana, con alegría fuerza y deseo de vivir.

ENFERMEDADES QUE PROVOCA O QUE SANA

El Manipura-chakra puede provocar, si está demasiado excitado o bloqueado, una serie de males y enfermedades en el organismo; pero también las puede sanar o evitar si lo mantenemos en estado equilibrado y armónico.

Diabetes, úlcera estomacal, úlcera de duodeno, pereza del intestino delgado, falta de flora intestinal; paranoia o esquizofrenia; agorafobia o claustrofobia; miedos y temores sin justificación aparente; leucemia; falta de apetito; anemia; violencia, ira, desórdenes de la conducta; flaccidez muscular; desviación de la columna vertebral; lumbalgia; bloqueo de las funciones motoras; hemiplejía (en combinación con el cuarto chakra superior); deficiencias cardíacas; baja inmunidad; alergia a determinados alimentos; ceguera temporal, ceguera nocturna o trombosis ocular: contagios, inflamaciones y males víricos como el herpes zoster, reminiscencia de la viruela.

Junto con la ayuda o el desequilibrio del quinto chakra superior, puede sanar los malos sueños, las pesadillas, el insomnio, la narcolepsia y el sonambu-lismo.

El Manipura-chakra afecta directamente al meta-bolismo y las funciones químicas y orgánicas de todo el cuerpo, sobre todo en las etapas puntuales de cre-cimiento o transformación.

COLOR DE BLOQUEO

Los colores lila, morado, blanco, verde oscuro y azul sucio bloquean el buen funcionamiento del Manipura-chakra. Si el color es blanco denso y lechoso, más que bloqueo indicará debilidad.

El color negro, tan satanizado habitualmente, más que un color de bloqueo es un color de contención y protección, que aparece puntualmente cuando la persona tiene miedo o quiere protegerse de algo o de alguien. Incluso las personas que visten de negro lo hacen más para contenerse o para proteger sus emo-ciones, que para bloquear el buen funcionamiento del Manipura-chakra.

COLOR DE EXCITACIÓN

Los colores demasiado vivos, como el amarillo in-tenso, el rojo encarnado o el anaranjado solar están denotando excitación, más que viveza. Pero el color que se lleva la palma, o que denota más excitación que ningún otro, es el color óxido, o rojo herrumbroso.

Un color azul intenso también puede denotar des-equilibrio, falta de objetividad, falsedad, hipocondría, megalomanía, mentiras, falsas expectativas y hasta falsa creencia de una protección superior.

Es cierto que el color azul es el color de la curación y que incluso es contemplado en los pétalos de la flor de este chakra, pero cuando aparece emitido por el vórtice del Manipura-chakra, es más una descoloca-ción de plano que una solución a los problemas de salud.

Color de armonización

Por supuesto, el color amarillo de las flamas de las velas es el más indicado para armonizar y equilibrar el Manipura-chakra, independientemente de si está bloqueado o excitado.

El dorado y el gris metálico acero también son una buena arma cuando el chakra está debilitado y vibra poco. El color rojo puede ayudar a desbloquearlo, pero no se debe aplicar muy a menudo.

El color negro y el color granate pueden ayudar a cerrarlo un poco o a disminuir la irritación, lo mismo que el color ahuesado y el color blanco luminoso o transparente, pero al igual que el color rojo, deben aplicarse puntualmente y solo como base para empezar el tratamiento, que deberá seguirse con el color amarillo primario y brillante.

Meditación

Además de las respiraciones y de los sistemas de relajación y hasta oraciones más o menos místicas o religiosas que prefiera el terapeuta o el paciente, es más que recomendable centrar el pensamiento y el alma en el fuego creativo y transformador, en el fuego depurador y en el fuego generador, dejando que la calidez de este chakra recorra todo el organismo, reconstruyéndolo todo como en una fragua.

La visión del fuego físico en el crepitar de las llamas de la chimenea o en el movimiento de la flama de una vela, es más que recomendable para entablar una buena conexión entre el pensamiento y el fuego.

Por supuesto, los ejercicios de afirmación o negación del Yo, así como los introspectivos o los que se centran en nuestro ser interno, son más que recomendable como meditación para armonizar el Manipura-chakra.

PRANA ASOCIADO

Primero respirar muy suave, para tener conciencia de la respiración, del hálito divino que nos inflama y da vida; luego inspirar suave y profundamente contando mentalmente hasta 5, retener el oxígeno dentro de nuestros pulmones contando mentalmente hasta 5, y espirar acompasadamente contando mentalmente hasta 5. Repetir 5 veces la respiración.

MANTRA ASOCIADO

Mientras se trata el presente chakra, ya sea en la meditación, la respiración, el ejercicio, el masaje o la gesticulación de la mano (mudra), es recomendable repetir la sílaba ram arrastrando la «r» y alargando la «a» y la «m», con un sonido entonado sobre la nota musical sol. Otro mantra asociado es la vocal «o», en el mismo tono musical. Finalmente, es muy positivo repetir con fuerza el verbo «deseo», «puedo» o «soy», tanto verbal como mentalmente, cuando se está operando sobre este chakra.

MUDRA ASOCIADO

Mientras el paciente está meditando, recibiendo masaje, sesión de relajación, o cualquier otro de los aspectos de la terapia dinámica chakra, debe unir sus dedos corazón y pulgar para mejorar el circuito de la energía vital que recorre el organismo. Esto, además de potenciar y equilibrar la vibración del chakra, ayudará a desbloquear otros chakras inferiores, a percibir mejor los latidos del corazón y a elevar el plano de conciencia, ya que esta simple posición de manos es suficiente para abrir el acceso a otros planos superiores.

EJERCICIO FÍSICO

Todos los que se hagan al sol y con el torso desnudo son más que recomendables. Incluso tomar el sol en desnudez integral es de gran ayuda, ya que limpia, depura y tonifica todas y cada una de nuestras células en combinación con el Manipura-chakra, que se carga de energía solar y vitalidad. Si evitamos los abusos, obviamente, también evitaremos los problemas de piel y las insolaciones.

También se recomiendan los ejercicios de estiramiento o de yoga que mejoren la agilidad de las lumbares y la fuerza de los abdominales.

Los deportes de cierto riesgo controlado, los de contacto y hasta aquellos que nos permitan desahogarnos un poco, gritar, golpear y quemar adrenalina, son estupendos ejercicios para poner en funcionamiento armónico al Manipura-chakra.

ALIMENTOS QUE LO FAVORECEN

Los cereales y los alimentos naturales e integrales son los mejores para mejorar el funcionamiento del Manipura-chakra, porque son un buen combustible de energía pura para este centro orgánico.

También son más que recomendables los ricos en hierro, desde el hígado de ternera, cerdo o pato en paté o a la plancha, hasta las espinacas y los berros crudos, sin dejar de lado a las humildes lentejas.

El Manipura-chakra es capaz de comer de todo, ya que es un gran devorador y un gran consumidor de energía, pero no se debe comer azúcares, dulces o postres en exceso, porque un aporte energético exagerado puede desequilibrarlo por completo.

AROMAS

El Manipura-chakra es amante de los aromas picantes, dulzones y penetrantes, de tal manera que a veces un buen guiso o un buen postre lo estimulan más que todos los inciensos juntos (el de aroma de clavel le favorece especialmente).

También lo favorecen especialmente los olores a madera o a maleza quemada, sobre todo para tranquilizar y equilibrar sus funciones.

METALES

Aunque la mayoría de los terapeutas y autores le adjudican el hierro o el acero como metal de apoyo, todavía hay quien prefiere el oro para equilibrar y armonizar este chakra, pero el oro como aplicación terapéutica y no como joya de ostentación, porque de esta última manera solo excita al Manipura-chakra creándonos complejos de superioridad, falso orgullo y temor al robo.

Un colgante ligero de acero que penda a la altura del plexo solar, o un anillo de acero en el dedo corazón, son una buena ayuda para equilibrar y armonizar el Manipura-chakra.

CICLOS FAVORABLES

El mes de agosto es el que más favorece las funciones de este chakra, y aunque no es un día laborable, el domingo es el más indicado para iniciar su tratamiento.

El amanecer en verano, y el medio día el resto del año, potencian el equilibrio y la armonía de este chakra.

Tratarlo al despertar, e incluso hacer una siesta antes de iniciar su tratamiento, ayuda a corregir sus alteraciones de una manera rápida y eficaz.

FIGURA

Cualquier figura solar, como el círculo iridiscente, o un triángulo de color rojo, son figuras que ayudan a centrar el pensamiento durante el tratamiento, la relajación o la meditación sobre el Manipura-chakra.

Incluso la cruz gamada, denostada por uso que le dan algunos grupos radicales, sigue siendo un buen y poderoso símbolo de poder y activación del Manipura-chakra, sobre todo cuando está muy bloqueado o debilitado.

Algunos proponen el plano como figura subsecuente al punto y la línea, cuando bien podría ser la cruz, como propone Kandinsky. El plano es muy útil para utilizarlo como pantalla donde podemos proyectar mentalmente nuestros deseos y pensamientos positivos sobre nuestra curación, aspiraciones o deseos.

Piedra o gema

Cuando vemos en un libro que el diamante es la piedra del Manipura-chakra, pensamos de inmediato en su elevado coste, olvidándonos de que el carbón es la base del diamante, y que el carbón vibra en una frecuencia muy parecida a nuestro organismo en general y al Manipura-chakra en particular.

El carbón se puede aplicar caliente, pero sin quemar al paciente, para una mayor sensación sanadora.

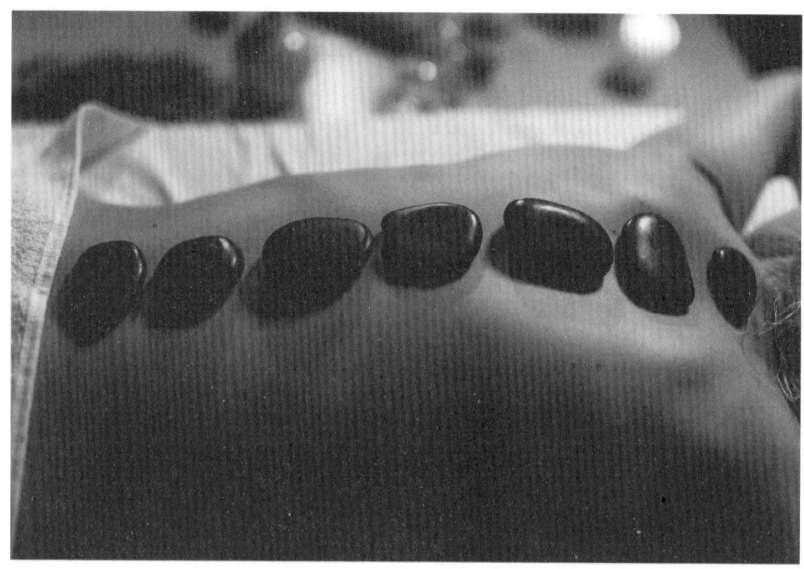

Equilibrado de chakras c
on carbón o piedras

Otras piedras de apoyo para armonizar las vibraciones del Manipura-chakra son el cuarzo transparente, el ágata, el topacio y el ámbar o la resina fosilizada.

Cualquier piedra de color amarillo cristalino colocada sobre el plexo solar, es suficiente para activar y armonizar al Manipura-chakra.

MASAJE

Para este chakra se recomienda un masaje energético, directo y con ambas manos sobre el plexo solar, sin necesidad de que haya contacto personal, como si se estuviera activando a un horno para que se ponga en combustión.

Como masaje de apoyo, sobre todo cuando el Manipura-chakra está bloqueado o debilitado, se puede destensar las lumbares con suaves masajes ascendentes, rotación del torso y de las piernas.

El centro de la planta del pie, el nudillo del dedo corazón y los dedos corazón de los pies y de las manos son otros puntos a los que se debe dar masaje, sobre todo si el chakra está demasiado bloqueado o demasiado excitado.

Es recomendable que, mientras se le hace el masaje, el paciente respire fuerte y profundamente pensando que, con el oxígeno que entra en sus pulmones, está quemando las obstrucciones, las enfermedades, los miedos y los males que le dañan; y que también exhale con fuerza mientras piensa que en ese aire que sale de su interior expulsa las cenizas destruidas de los males que lo aquejan.

Por supuesto, el terapeuta también puede hacer lo mismo: inspirar con fuerza y pensar que el oxígeno quemará el mal que está tratando de erradicar, y espirar imaginando que el mal sale del enfermo convertido en ceniza.

Si ambos (paciente y terapeuta) lo hacen a la vez y de manera consciente, el resultado será más eficaz.

El paciente mejora si confía en su terapeuta.

El terapeuta aprende si confía en su paciente.

De una o de otra manera las energías siempre se complementan.

IX
Cuarto chakra:
Anahata, el chakra del aliento divino

Habla, piedra,
no te quedes callada,
vibra siempre,
que esa es tu palabra.
Lao Tse

Anahata, el que debe permanecer intacto, es el verdadero motor de la vida en este plano, porque si Anahata deja de vibrar, la vida orgánica cesa. Por tanto, no hay fuerza ni salud que valga si la vibración de este chakra se detiene.

El Anahata-chakra es el único que expresa un rayo de poder puro de manera espontánea y sin importar nuestro nivel de consciencia, porque en este chakra se encuentra el aliento divino que nos anima, el Aire que insufla nuestra permanencia en esta vida y que por sí solo es el más potente de los combustibles.

Este chakra conecta a los chakras fundamentales (primero, segundo y tercero), con los chakras de la espiritualización y elevación de consciencia (quinto, sexto y séptimo), y también es el que se encarga de convertirnos en Seres Humanos Verdaderos, porque gracias a él despertamos del sueño del egoísmo y descubrimos la entrega a los demás, el amor sublime, el sacrificio sin espera de recompensa, la vida como conjunto y al cosmos como unidad.

Es el chakra del corazón, ese sitio sensible al que las culturas de todos los tiempos han asignado la nobleza del ser y los sentimientos elevados, y el que nos desvela las primeras intuiciones claras y directas.

El Anahata-chakra es el que nos eleva en el viaje astral para que nuestros dedos energéticos alcancen a rozar con sus yemas la divinidad, y también es el que nos recibe en la vuelta a casa, reflejándose perfectamente en el campo orgánico sobre el ritmo y funcionamiento equilibrado de nuestro corazón físico.

No despierta la visión ni la comunicación directa con los planos superiores, pero sí nos abre las puertas de la sensibilidad y despierta en nosotros la fe, la esperanza y la caridad, y nos hace saber, aunque no lo sepamos del todo ni tengamos la certeza, de que sí hay algo más antes y después de esta vida terrenal.

Por eso, cuando tenemos la mínima certeza de que hay algo más allá y que esta vida sí tiene sentido, nos sentimos liberados de muchos miedos, temores y conductas erróneas, y entonces podemos amar, por fin, de una manera amplia y sin trabas, sinceramente y sin deseos de posesión o correspondencia.

No es fácil recorrer el camino del corazón, porque lo cotidiano suele distraernos de nuestro interior y llevarnos de nuevo a su terreno de ansiedades y deseos, donde queremos tener más y ser amados y reconocidos, en lugar de desprendernos de todo y entregar nuestro amor y reconocimiento a los demás.

En este chakra se fusionan constantemente lo material y lo espiritual, lo tangible y lo sensible, en un vaivén que parece olvidarse de nuestro cuerpo mental o racional, pero no hay tal olvido, lo que sucede es que a nuestra mente le cuesta bastante moverse en lo conceptual de una manera consciente.

De hecho, nuestra mente se mueve más en lo emocional y en lo conceptual que en lo material y en lo racional, y nos mueven más los sentimientos y las emociones que las sumas y las restas, y los deseos y las aspiraciones que aquello que tenemos en las manos. Pero la mente se mueve por estos caminos de una manera inconsciente, sin deliberación, dejando que sea el corazón quien asuma las responsabilidades de los actos, de la misma manera que esperamos que los dioses se ocupen de nuestra espiritualidad.

Sí, a veces es difícil amar a la humanidad, y todo

porque tiene los mismos defectos que nosotros y nos molesta de sobremanera vernos reflejados en ese espejo, por eso, paradójicamente, mientras más mejoremos realmente nosotros, más mejorará el resto y la visión que de él tenemos.

En otras palabras, en este chakra materializamos el espíritu y espiritualizamos la materia, a través del lazo de la mente simbólica y conceptual.

El hombre es un animal simbólico y analógico (por más virtual que quieran hacerlo), centrado en su intuición y en su realidad empírica, que muy de vez en cuando accede de verdad a los caminos de la ciencia y el raciocinio. En otras palabras, el ser humano es más corazón que mente, aunque ni él mismo se haya dado cuenta de ello.

Todo el mundo es bueno, todo el mundo tiene corazón, todo el mundo tiene su propia ética y sus propios sentimientos. Y cuando algo falla en sus esquemas sensibles, siempre tiene a mano la justificación que le permite pensar, aunque sea un engaño, que no es del todo malo o que lo que ha hecho responde a una causa o a un bien mayor. Son muy pocos, si es que hay alguno, que se considere verdaderamente malo, que se considere de verdad un ser sin corazón, porque aceptar algo tan terrible como no tener sentimientos, suele equivaler al suicidio o la muerte dentro del foso de las sombras, el frío eterno y la maldad.

El bien y el mal existen como opuestos complementarios, pero la Maldad existe más allá del complemento o la lucha sempiterna contra el Bien, y muy pocas veces se acerca de verdad hasta nosotros, de la misma manera que tampoco tenemos cerca al Bien elevado, divino y sublime que tanto anhelamos y que apenas si alcanzamos a concebir o comprender.

Por el amor con que Shakti se fusiona a Shiva es posible nuestra existencia y de todo lo que nos rodea, sustenta y trasciende. Sin este amor o Bien superior nuestro universo no sería posible, de la misma manera que nuestros actos y nuestras obras no serían posible si en ellas no hubiéramos puesto el corazón.

El Anahata-chakra, como copa y corazón que es, necesita ser llenado constantemente para mantenerse vivo y en funcionamiento, como la sangre llena al corazón, porque solamente cuando está pleno puede derramar sus dones, como el mítico árbol Kalpataru, sembrado en la base del Anahata-chakra, que es capaz de conceder absolutamente todos los deseos, e incluso alguno más que ni siquiera se nos ha ocurrido pedir. Y es que, para poder dar, antes hay que tener, y para poder desprenderse de los lazos y las cosas, antes hay que poseerlas. De nada sirve querer ser generoso cuando no se tiene nada que dar, de la misma manera que es imposible amar de verdad a los demás si antes no nos amamos infinitamente a nosotros mismos.

Kalpataru, sembrado en la base del Anahata-chakra

Todo lo que hay en nuestro corazón es perfectamente posible, pero antes hemos de llenar de energía positiva el Anahata-chakra para que se convierta en realidad, e incluso para que nos dé más de lo que deseamos y de lo que esperamos, como abrirnos de manera espontánea las puertas de los planos superiores de nuestra propia conciencia.

Este chakra es la base de nuestro entendimiento, la piedra del aprendizaje, porque en cuanto reconocemos nuestra capacidad de amar y sentir más allá de los deseos, los instintos y las necesidades, nos liberamos de buena parte de nuestra base animal y nos proyectamos con fuerza en sentido ascendente.

El amor no solo es la fusión de los opuestos complementarios, también es aceptación, reconocimiento, desprendimiento, ayuda a los demás, capacidad de ser solidarios, humanitarios e idealistas.

El amor no solo inflama el corazón de los enamorados, ni de los que han llegado a conquistar algo y lo poseen como el más preciado de sus bienes; el amor inflama el corazón de todos y cada uno de nosotros, porque lo necesitamos tanto como el aire que respiramos.

Amor carnal, amor conyugal y amor espiritual son perfectamente posibles y compatibles entre sí, incluso en el alma que consideramos menos desarrollada, porque para tener un ideal elevado no hacen falta estudios, sino disposición y grandeza de corazón.

El amor no está sujeto a una sola definición, y a veces hay más amor en un acto de lucha que en un acto de entrega.

El Anahata-chakra es puro amor que vibra desde nuestro interior alimentándose de prana puro, que no es otra cosa que el aire que da vida y energía, y que lo tenemos constantemente delante de nuestras narices, aunque no podamos verlo.

Amar a Dios, o a los dioses, es fácil cuando lo consideramos grande, bueno, justo y dadivoso, pero ya no lo es tanto cuando lo consideramos ajeno a nuestra vida y a nuestros problemas. También es fácil amar a los demás cuando los demás nos aman, y perdonar a los demás cuando nuestros propios pecados son perdonados. Lo que es realmente difícil es el devolver bien por mal y sonrisas por amarguras o malas caras. Si amamos solo aquello que nos da de comer o que nos ofrece una ayuda, no somos mejores que nuestras mascotas. A veces, incluso, somos peores que nuestras mascotas, pues somos incapaces de su dedicación y entrega, y todo porque a menudo no podemos aceptarnos y querernos a nosotros mismos, y eso nos impide aceptar y amar a lo que nos rodea.

Ciframos nuestra capacidad de amar en nuestras posesiones y nuestros triunfos, cuando la posesión y el triunfo no son más que una expresión del egoísmo, y más de una vez nuestros actos más humanitarios y elevados son solo grandes demostraciones de lo que podemos hacer, y ayudamos a los demás no porque nazca de nuestro corazón, sino para que digan que somos buenos o para demostrar que podemos ayudarlos, porque tenemos los medios para ayudarlos.

El amor debe fluir y no darse a dosis, y nunca debe confundirse con lo que recibimos de los demás, sino con lo que damos sin esperar respuesta ni agradecimiento, porque el verdadero amor fluye entre todos y no es uno solo el emisor o el receptor. Todos nos encontramos en la misma vida, en el mismo planeta y en el mismo barco, y si el barco se hunde, todos nos hundiremos, porque el amor, como la muerte o la destrucción, nos iguala a todos.

En el Anahata-chakra crece y circula este amor universal, dándonos una nueva y más amplia visión de la existencia que va más allá del nacimiento, la muerte y la propia vida.

Si dejas que fluya el amor sin querer retenerlo en forma de cosa, creencia o persona, tu Anahata-chakra se encontrará siempre en perfecto equilibrio, y si algún chakra necesita como fuerza activa vital el equilibrio, es precisamente el Anahata-chakra, porque el amor es el corazón del universo entero, donde se abre y se cierra la espiral del karma.

Entiéndase el karma como una ley de compensaciones y equilibrio universal, y no como una medida de premios y castigos, porque el karma, que tan bien se expresa en el Anahata-chakra, lo único que busca y pretende es precisamente mantener el equilibrio en el universo entero.

LAZOS Y ANALOGÍAS DEL
CUARTO CHAKRA FUNDAMENTAL

NOMBRE
Anahata.

SIGNIFICADO
Se podría traducir directamente como «latido», o sonido sin golpe, pero también se le llama el que está intacto, el inmaculado, el que no se puede y no se debe tocar, el incólume, el vibrante y hasta el asiento del ser sublime, el primer ser de amor, como si el vocablo latido no tuviera la suficiente fuerza para definirlo, cuando un latido, por sí solo, es símbolo de vida, de amor y de aliento.

VISIÓN
La visión clásica lo relata como una flor de doce pétalos en cuyo centro se halla una estrella de seis puntas. La flor es de color verde, pero emite rayos de color magenta y azul que al vibrar y manifestarse producen un rayo de color violeta. Los videntes actuales, quizá

por la complejidad de la flor, no se ponen de acuerdo del todo, y mientras unos mantienen que emite un aura de color verde, otros le confieren un color lila a su vibración.

Anahata Chakra

El color verde predomina y se expresa en la corteza del aura con claridad, moviéndose al ritmo del latido cardíaco, pero de vez en cuando emite en pequeñas esferas o rayos colores como el rosa y el azul cielo, que al fusionarse crean pequeñas nebulosidades de un color lila suave.

VIBRACIÓN

Su vibración transmite práctica y sensiblemente, los latidos del corazón, como si una fuerza invisible empujara las vibraciones rítmicas y constantes sobre la palma de la mano.

A veces se sienten pequeñas corrientes de aire tibio, que se enfría un poco más cuando el chakra está algo debilitado o bloqueado, o que se calienta un poco más de la cuenta cuando el chakra está excitado.

Ningún otro chakra responde tanto a las emociones y los sentimientos como el Anahata-chakra, ya que de inmediato varía la frecuencia cardíaca ante los estímulos externos. Un susto, un mal regreso de una meditación o de un viaje astral o una etapa de angustia más o menos prolongada, lo alteran de tal manera que se expresa a través de una arritmia cardíaca.

No se le percibe tan fácilmente como al Manipurachakra, pero su localización y percepción es fácil, y basta con poner la palma de la mano sobre la zona del corazón para saber que está ahí, vibrando acompasadamente.

Localización orgánica

Estoy de acuerdo con C. W. Leadbeater —véase Bibliografía— en la posición orgánica y sensible de este chakra: debajo de la clavícula izquierda, por encima de donde está el corazón y en íntima relación con la glándula timo, ya que en ninguna de mis experiencias personales lo he podido localizar en dónde señalan tantos y tantos libros: el centro del tórax en pleno esternón, o ladeado ligeramente a la izquierda como si estuviera encima de ese músculo llamado corazón.

Se refleja con clara vibración sobre las manos, las muñecas (en todos los puntos donde se pueda sentir el pulso del corazón), los brazos, los codos, los hombros, las clavículas, los pulmones, las costillas y las vértebras dorsales.

Elemento fundamental

El Aire es el elemento fundamental de este chakra, y se encarga de darnos el prana primordial cuando somos dados a luz por nuestra madre, como de elevar nuestra alma en el momento de la muerte exhalando el último prana de esta vida material. El Aire también le da a este chakra, aunque sea todo corazón, la capacidad de pensar y discernir, y trae hasta nosotros las famosas corazonadas o intuiciones instantáneas y espontáneas.

Es el Aire el que funciona, recorriendo hasta el último rincón del universo, cuando deseamos algo de corazón, poniendo a trabajar esos hilos invisibles de la voluntad que tan a menudo llamamos magia. Por eso hay quien relaciona a este chakra con la Diosa de la Fortuna y con la suerte.

El Aire a veces puede mostrarse demasiado frío y hasta demasiado racional, pero nunca pierde su misticismo, porque al fin y al cabo su sentido vital es descubrir los velos del alma para que nazca el Hombre, el Ser Humano en su más elevada dimensión.

Estado ideal

El amor, la estimación, el cariño, la ternura, la entrega, el sacrificio, la ayuda a los demás, la aceptación, la compasión, la relación grata con los demás y la fuerza del alma conforman el estado ideal de este chakra, el mejor ambiente para que se mantenga en armonía y equilibrio.

El odio, la revancha, la envidia, los celos, la posesión, la soberbia y la injusticia le hacen más daño del que podemos imaginar.

Función física

Su función básica en el plano físico es la de regular el ritmo cardíaco y el de mantener el corazón en movimiento, por lo que es un chakra de importancia vital directa, ya que, si falla, aunque sea solo un poco y por poco tiempo, puede ser suficiente para que dejemos de estar presentes en esta vida.

También activa el sentido del tacto, la movilidad de manos y brazos, las vías respiratorias, la depuración del aire que respiramos y el aprovechamiento de los nutrientes que pueda haber en él (en la secta Mazdazdan aseguran que una persona puede cubrir la mayoría de sus necesidades alimentarias respirando simplemente), reflejándose a lo largo y ancho de las vías respiratorias y el sistema pulmonar.

Función mental

Aunque no lo parezca a simple vista, una de las funciones importantes de este chakra es el hacernos pensar, el convertir en genio el ingenio de los anteriores chakras, el de crear la ciencia, aunque sea de manera empírica, para poner en funcionamiento y actividad a nuestras manos, las mejores herramientas de este planeta y que están íntimamente relacionadas con el Anahata-chakra.

Por supuesto, también tiene la función de amar en el sentido más amplio y rico de la palabra, desde amar a la pareja, a los padres y a los hijos, hasta amar a todas y cada una de las cosas de la creación, tanto si las consideramos malas como si las consideramos buenas. Y en un sentido más sencillo, nos ayuda a ser seres sociables y a superar el férreo individualismo del Manipura-chakra.

Pero su función básica es que aprendamos a amarnos a nosotros mismos, y una vez que lo hayamos logrado, a que amemos a nuestros semejantes como a nosotros mismos.

Función emocional

Su función emocional, si estamos hablando de amor, es la de encontrar el medio tono, reflejo o alma gemela más allá de las convenciones sociales y de las tendencias sexuales; es decir, que nos ayuda a entender y experimentar a través del amor carnal, el amor conyugal y el amor espiritual. De hecho, todos y cada uno de los seres humanos somos sexuales, ni hetero ni homo, simple, biológica y fisiológicamente sexuales, el resto son construcciones sociales más o menos desafortunadas, o emociones de interés, poder o carencia a las que algunos llaman "amor".

Este chakra desarrolla nuestra capacidad de compasión, así como nuestros sentidos románticos y poéticos, y nos ayuda a liberarnos de las ataduras del orgullo, de la envidia y de los celos.

Obviamente, es un chakra de madurez, que tiene que pasar primero por la atracción física, por la química entre dos cuerpos, para poder pasar a un estadio de conciencia amorosa más elevado y menos posesivo, y para ello se apoya con fuerza en los primeros tres chakras fundamentales, para liberarse después de ellos.

Efectivamente, su función emocional básica es, ante todo, la amistad verdadera que permite el desarrollo individual de todos los seres sin perder el nexo del amor universal y la fusión cósmica.

FUNCIÓN ESPIRITUAL

El Anahata-chakra es el punto central de los chakras superiores, el fiel de la balanza de los tres fundamentales y los tres elevados, el que hace circular la energía ascendente y recoger la descendente, y como centro de equilibrio que es, debe regular las funciones vitales y las funciones espirituales uniéndolas por el lazo mental del entendimiento y la comprensión.

Su trabajo es muy complejo, porque además debe equilibrar esa ley de compensaciones que es el karma, que tan fácilmente se nos puede escapar del entendimiento y la comprensión, porque a medida que aumentan nuestras capacidades también aumentan nuestras responsabilidades y la llamada hacia al lado oscuro, o hacia la simple negligencia, es cada vez más fuerte a medida que accedemos a un nuevo plano de conciencia.

El amor carnal puede convertirse en obsesión o en frustración; el amor conyugal en posesión e imposición; y el amor divino en fanatismo o negación, porque a estas alturas la línea entre el bien y el mal es muy difusa, y a menudo no sabemos realmente lo que es el bien y lo que es el mal, ya que en nuestro ascenso también vamos acumulando ego y orgullo, y nos es demasiado fácil creer que el bien es lo que nos conviene particular o grupalmente, y que el mal es todo aquello que atente contra nuestros intereses, con lo que resulta muy difícil tener a la conciencia tranquila, ya que interiormente, queramos o no, sabemos perfecta y claramente lo que es el bien y lo que es el mal.

La función espiritual del Anahata-chakra es, por tanto, el mantenernos despiertos al amor y a la entrega, y no permitir que nos dejemos llevar por el sueño de la ambición y la envidia, es decir, que sepamos y reconozcamos quiénes somos y dónde estamos, sin engañarnos y sin cargarle las culpas o la responsabilidad a nada ni a nadie, porque todo, absolutamente todo, radica en nosotros mismos, y todos y cada uno de nosotros somos centro del universo, de la misma manera que el Anahata-chakra es el centro de nosotros.

GLÁNDULAS

El Anahata-chakra está directamente vinculado con la glándula timo, la que se encarga de regular el ritmo cardíaco. También se refleja en los marmas de las venas y arterias principales que llegan y salen del corazón, y en las terminales nerviosas de las vértebras dorsales. Junto con los chakras segundo y tercero se refleja sobre las glándulas suprarrenales y la boca del estómago cuando las emociones, los nervios o los sentimientos son muy intensos. Con el tercer chakra también se refleja en la pleura, y con el quinto en la parte izquierda del cuello.

ZONAS QUE AFECTA O QUE SANA

Pulmones, pleura, bronquios, tráquea, tórax; clavículas, hombros, brazos, muñecas, manos y dedos de las manos; corazón, sistema circulatorio en general, venas y arterias superiores en particular; costillas, abdominales superiores, músculos y vértebras dorsales, tórax y senos, pectorales o pechos.

Junto con el séptimo chakra incide en la retención de gases y humores, y en la aportación de sangre a la cabeza; junto al quinto chakra se refleja con fuerza sobre la yugular; y junto al Manipura-chakra sana o afecta al corazón como tejido muscular.

También incide sobre la agilidad, la habilidad y la versatilidad, tanto de la mente como del lenguaje y las manos.

ENFERMEDADES QUE PROVOCA O QUE SANA

Asma, alergia a agentes volátiles, bronquitis, enfisema pulmonar, pulmonía, pleuresía, constipado, resfriado y gripe; pinzamientos dorsales y dolores reumáticos de hombros, codos y muñecas, así como otras lesiones óseas, de ligamentos o musculares de las mismas zonas; dolencias cardíacas, taquicardia, arritmia, hipertensión, hipotensión, problemas circulatorios, colesterol.

Junto al Manipura-chakra puede ayudar en el tratamiento de úlceras estomacales, pereza intestinal, mala oxigenación de la sangre y problemas del esófago; así como complejos de grandeza o de inferioridad, manías persecutorias y alteraciones de la personalidad.

Su manipulación y tratamiento de equilibrio y armonización ayuda a superar depresiones exógenas, es decir, depresiones que nacen como reacción a una desgracia, una gran pérdida o un gran fracaso, tanto en el campo material como en el campo sentimental. Negatividad, falta de deseos de vivir, abandono de uno mismo, celos, envidia, dependencia excesiva a otras personas poniendo como excusa el amor o desamor que se siente por ellas; actitudes viciosas y ludopatía. Tendencia a fraudes, robos, mentiras y abuso de poder.

COLOR DE BLOQUEO

Se podría decir que no hay prácticamente un color capaz de bloquear del todo al Anahata-chakra, pues sus doce pétalos son capaces de expresar los siete colores del arco iris, y, por lo tanto, de adecuarlos a sus necesidades. Solo el blanco total o el negro total, que no son colores sino fusión de colores y ausencia de color, pueden debilitar a este chakra, pero solo en muy raras ocasiones, y a veces solo cuando se presenta la muerte, aparecen en su espectro.

COLOR DE EXCITACIÓN

El rojo sangre, el amarillo, el gris acero o el gris plata, y los colores de la herrumbre o de la sangre coagulada, excitan ostensiblemente al Anahata-chakra. A veces la simple visión o contacto con el color rojo sangre, es suficiente para excitar las emociones y lágrimas, o las iras y el despecho del paciente, porque la vibración del Anahata-chakra se acelera y transmite su excitación al Manipura-chakra.

COLOR DE ARMONIZACIÓN

Su color básico de armonización es el verde, suave si el desequilibrio es mínimo, y más intenso en consonancia con el mal a corregir. Un verde césped, por ejemplo, es más que indicado para superar las dolencias físicas.

Si la dolencia es más psíquica o espiritual que física, el color más adecuado es el lila, y debe aplicarse tanto en el Anahata-chakra como en el sexto.

También acepta muy bien el color azul claro para las enfermedades respiratorias, el asma y las alergias; y el azul más intenso para fracturas, quistes y tumores en sus zonas orgánicas de influencia, como el tórax o los pechos.

Los colores de aplicación, en todo caso, deben ser brillantes e intensos, que reflejen bien la luz.

MEDITACIÓN

Todos los ejercicios de relajación y meditación que tengan como punto central al elemento Aire, son más que adecuados para equilibrar este chakra. Por supuesto, en toda meditación referente al Anahata-chakra se debe poner especial cuidado en los ejercicios respiratorios, en el prana que se consume al realizarlo.

Tampoco hay que olvidar que los dedos pulgar y meñique deben estar unidos durante la meditación, para cerrar el circuito energético y para evitar que la persona salga volando astralmente, y, si lo hace, para que al regresar no tenga arritmia o taquicardia.

Un buen ejercicio es el que consiste en imaginar, con los ojos cerrados y el mudra y mantra adecuados (señalados líneas abajo), que nos convertimos primero en energía y después en aire, para recorrer nuestro propio interior revisando nuestros sentimientos, luego viajar por el universo entero si se desea, y finalmente volver al propio cuerpo muy suavemente convertidos en pluma o en hoja otoñal para no excitar al Anahata-chakra.

PRANA ASOCIADO

Primero respirar muy suave, para tener conciencia de la respiración, del hálito divino que nos inflama y da vida; luego inspirar suave y profundamente contando mentalmente hasta 4, retener el oxígeno dentro de nuestros pulmones contando mentalmente hasta 4, y espirar acompasadamente contando mentalmente hasta 4. Repetir 4 veces la respiración.

MANTRA ASOCIADO

Mientras se trata el presente chakra, ya sea en la meditación, la respiración, el ejercicio, el masaje o la gesticulación de la mano (mudra), es recomendable repetir la sílaba iam alargando la «a» y la «m» y pronunciando la «i» casi como una «y» silbante, con un sonido entonado sobre la nota musical fa. Otro mantra asociado es la vocal «e», también en fa y emitiendo la vibración desde la garganta. Finalmente, es más que positivo repetir los verbos «amo», «vibro», «quiero», tanto verbal como mentalmente, cuando se está operando sobre este chakra.

MUDRA ASOCIADO

Mientras el paciente está meditando, recibiendo masaje, sesión de relajación, o cualquier otro de los aspectos de la terapia dinámica chakra, debe unir sus dedos meñique y pulgar para mejorar el circuito de la energía vital que recorre el organismo. Esto, además de potenciar y equilibrar la vibración del chakra, ayudará a desbloquear otros chakras inferiores, a percibir mejor los latidos del corazón y a elevar el plano de conciencia, ya que esta simple posición de manos es suficiente para abrir el acceso a otros planos superiores.

EJERCICIO FÍSICO

Todos los ejercicios respiratorios, como el pranayama, el Tai Chi y los deportes aeróbicos, correr al aire libre por el campo, subir una montaña a pie, hacer senderismo o incluso subir unas largas escaleras controlando la respiración.

*El Tai Chi es un vórtice de energía y
de aire fresco para el Anahata Chakra*

Es muy importante aprender a inspirar por la nariz y a exhalar por la boca, a menos que haya una indicación puntual contraria en un asana de pranayama, para que el circuito respiratorio sea completo y el oxígeno llegue mejor a la sangre.

A veces basta con un buen ejercicio respiratorio, como el del prana indicado líneas arriba, para deshacernos de una gripe o de un molesto resfriado.

ALIMENTOS QUE LO FAVORECEN

A diferencia de los primeros chakras, que afectan más a los primeros años de vida, el Anahata-chakra admite perfectamente una dieta completamente vegetariana y fresca, con productos de la temporada y nada o escasamente cocidos. Se puede decir que es el chakra de las ensaladas frescas, donde haya mucha variedad de verduras siempre que predomine el verde.

El yogur y las setas, los quesos frescos y los frutos deshidratados, como la pasa o la ciruela pasa, pueden completar perfectamente la dieta para mantener sano y equilibrado el Anahata-chakra, que también admite una buena copa de vino tinto cada tercer día, y el aceite de oliva virgen y crudo.

AROMAS

Todas las hierbas aromáticas benefician al Anahata-chakra, desde la menta hasta el anís, y desde el eucalipto hasta el espliego o la lavanda.

Los inciensos con aromas de jazmín y de violeta, son muy adecuados en los ejercicios de respiración y de meditación, porque elevan el plano de conciencia de este chakra.

Finalmente, el olor a bosque, hierba recién cortada o incluso el aroma a tierra mojada son excelentes tónicos para el Anahata-chakra.

METALES

El mercurio y el cobre son un buen soporte en el tratamiento de este chakra. Las famosas pulseras de cobre que curan los dolores reumáticos, cierran bien el circuito del Anahata-chakra. Un anillo de amalgama en el dedo meñique es una buena solución para prevenir enfermedades respiratorias, y un colgante que penda a la altura del corazón con un dije de cristal que contenga mercurio, ayuda a regular el ritmo cardíaco y previene contra la hipertensión y la hipotensión.

Durante el masaje energético se recomienda poner una pequeña placa de cobre sobre la base de la garganta (sobre el quinto chakra) y una gota de mercurio (se puede poner incluso un termómetro de mercurio) sobre el Anahata-chakra, para mejorar y equilibrar las funciones de ambos chakras.

CICLOS FAVORABLES

El miércoles a media mañana o a media tarde es el mejor momento para iniciar el tratamiento; los viernes y los domingos tampoco son malos días; pero no conviene empezarlos los martes ni los sábados.

El Anahata-chakra está más activo desde el final de la primavera hasta el principio del otoño, y los meses de junio y setiembre son los mejores para iniciar tratamientos largos, aunque, debido a la importancia vital de este chakra, más vale prevenir que lamentar y empezar los tratamientos cuanto antes.

FIGURA

La mejor figura de concentración para equilibrar y armonizar al Anahata-chakra es la espiral, basta con cerrar los ojos, respirar conscientemente o tener conciencia de la respiración, e imaginar una espiral activa y luminosa para que este chakra empiece a reaccionar favorablemente.

También son positivas las líneas onduladas, para desbloquear el chakra; y las pirámides, para evitar la excitación y para protegerlo. Para este último propósito, también están indicadas la figura de una flor con doce pétalos, y una estrella de seis puntas donde se vean perfectamente los dos triángulos enlazados, como símbolo de unión entre lo inferior y lo superior.

PIEDRA O GEMA

Todas las piedras de color verde, rosa o azul claro, son un buen apoyo en el tratamiento del Anahata-chakra. Incluso el cristal de una botella verde es capaz de equilibrar sus vibraciones.

Las piedras de color lila son adecuadas para tratamientos sobre el estado emocional, psíquico y espiritual, pero no están recomendadas para tratamientos físicos.

MASAJE

Para activar el Anahata-chakra se puede hacer un masaje vigoroso y directo en el dedo meñique, un poco menos vigoroso en la muñeca, intenso en el codo y en el antebrazo izquierdo, suave en la axila del brazo izquierdo, y de presión sobre el esternón y pecho izquierdo.

Una vez realizado este circuito, proceder a dar un masaje energético (a un centímetro de la piel) sobre la zona inmediatamente inferior de la clavícula izquierda, hasta que se sienta el calor y la vibración palpitante del Anahata-chakra.

Repetir cuatro veces el circuito en cada sesión.

Este circuito de masajes es válido tanto para abrir y desbloquear, como para cerrar y bajar la excitación del Anahata-chakra.

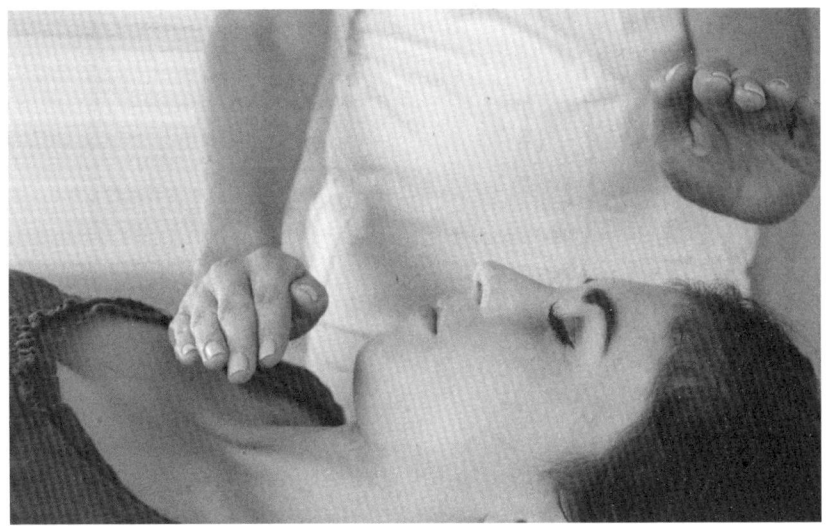

Masaje sobre el Anahata Chakra

Poner una mano (la derecha) sobre la garganta y otra sobre el tórax (la izquierda) para hacer masaje energético en conexión con el quinto chakra: problemas respiratorios y circulatorios.

Poner una mano (la izquierda) sobre el tórax y otra

sobre la boca del estómago (la derecha) para hacer un masaje energético en conexión con el tercer chakra: problemas físicos y emocionales.

Poner una mano (la izquierda) sobre la frente y otra sobre el tórax (la derecha) para hacer un masaje energético en conexión con el sexto chakra: problemas psíquicos, nerviosos o espirituales.

X
QUINTO CHAKRA:
VISHUDA, EL CHAKRA DE LA MANIFESTACIÓN

*Abre los oídos
a tu ser interno,
y entonces valorarás
lo que es realmente
el sabio y sano
silencio.*

BODHI DHARMA

El Vishuda-chakra es el chakra de la manifestación, del sonido, de la comunicación, de la emisión y de la recepción, el que nos pone en contacto con los demás y el que abre las puertas del verbo para que nos entendamos unos con otros. El verbo fue primero, rezan los textos semíticos anteriores a la Biblia, y la fuerza de la palabra quedó asentada para siempre; pero es tan poderoso quien sabe hablar como quien sabe oír, y en este chakra la capacidad de oír se convierte en recepción pura que nos abre las puertas de las vibraciones dimensionales, es decir, la capacidad de oír más allá de lo que se oye habitualmente, y, por lo tanto, de aprender comprendiendo lo que se aprende.

Los sonidos en forma de mantras o de notas musicales toman especial sentido en este chakra, porque nos enseña que en realidad la música amansa a las fieras y las vibraciones de los sonidos, con sus ritmos y sus notas, despiertan nuestros sentidos, mejoran nuestra salud, elevan nuestra mente y nos conectan con los mundos celestiales.

Una sola palabra puede destruir o crear imperios, dependiendo de lo que se diga con ella y de cómo se diga, porque una palabra puede herir y hacer daño, o dar ánimo y poner en actividad todos nuestros motores físicos, psíquicos y espirituales. Un insulto puede convertirse en una palabra de amor si se dice con el tono apropiado, y una palabra de amor puede convertirse en un puñal afilado si se dice a destiempo.

Vishuda es el asiento de la conciencia, pero no de la consciencia de ser y estar, sino de la consciencia por sí misma, esa que nos trasciende y que convierte en arte lo que hasta ahora era deseo funcional y práctico. No en balde el Vishuda-chakra es el primero de los tres chakras verdaderamente superiores, los que nos llevan más a allá de nuestra simple humanidad y nos dan la comprensión de la abstracción y el concepto.

Los dioses Sadasiva, el de diez brazos y cinco caras, y Gauri, la eterna emperatriz y cazadora, se asientan en este chakra para llevarnos más allá de nuestros propios límites y limitaciones, porque un mudo no podrá hablar y un sordo no podrá oír, pero ambos, por sordos o mudos que sean, sienten y transmiten vibraciones de amor, fuerza, ánimo y elevación.

La vibración sanadora de Sadasiva

A medida que vamos avanzando en el camino de los chakras, vamos descubriendo que el siguiente es más elevado e importante que el anterior, y aunque todos son indispensables para nuestro funcionamiento, el siguiente superior es capaz de equilibrar a los restantes inferiores, porque a medida que elevamos la vibración de los chakras, ascendemos en conciencia y superamos nuestras propias limitaciones, o lo que creíamos que eran limitaciones insalvables. Esta es la puerta de la conciencia que se abre cuando despertamos al Vishuda-chakra, porque es la que nos hace empezar a comprender lo que realmente somos y dónde y porqué estamos.

La fuerza devocional de la oración, los rezos, los mantras, los cánticos y de la palabra expresada desde el fondo del ser en voz alta nace de este chakra con tal potencia, que en realidad puede obrar eso que nosotros llamamos milagros o magia y que no es otra cosa que la expresión pura de nuestra voluntad interior.

Vishuda es la depuración del ser, el tamiz y el filtro donde se quedan nuestras impurezas, la que conecta y abre el interruptor de los chakras sexto y séptimo, que son los chakras de la iluminación y la liberación espiritual.

Hoy en día, que la ciencia oficial conoce más a fondo y a través de aparatos y formulas el electromagnetismo, hablar de vibraciones simpáticas ya no es una locura ni una superchería de falsos santones. Hoy en día se sabe que hasta las moléculas se excitan con ciertas vibraciones, y que son capaces de manifestar mayor o menor fuerza, mayor o menor ánimo, dependiendo de dichas vibraciones que pueden ser de luz o de sonido, eléctricas y magnéticas. Curiosamente, dichas vibraciones están dentro de nosotros mismos y se manifiestan por sí mismas, y pueden ser medidas con un osciloscopio o con una resonancia magnética.

Hoy se puede decir sin temor a caer en ridículo delante de los científicos, que la corteza de un cerebro relajado expresa ondas alfa.

Hoy se sabe que el organismo, por sí mismo, es capaz de producir endorfinas, feromonas y hormonas que le produzcan un estado alterado de conciencia, es decir, que las glándulas funcionan más allá de lo que el cuerpo necesita como soporte vital, y, lo más importante, como lo ha dicho la Medicina Ayurvédica desde hace tres mil años, es que nosotros las podemos producir a voluntad y deliberadamente cuando alcanzamos un estado de consciencia que nos permite dominarlas.

Los sonidos adecuados pueden ponernos en trance, de la misma manera que lo puede hacer una voz sugestiva, y no por intervención divina, sino porque nosotros mismos así lo podemos desear y planear. De esta manera podemos controlar los latidos de nuestro corazón, las palpitaciones, las necesidades de prana y las experiencias que deseamos para nuestra mente. Ya hay médicos oficiales que utilizan estas capacidades inherentes en nosotros mismos para realizarnos operaciones quirúrgicas sin dolor, y los que antes criticaban a los yoguis que hacían lo mismo, tienen que callarse y aceptar que somos más de lo que parecemos a simple vista: sí, nosotros mismos no somos más que vibración, moléculas en rotación y movimiento electromagnético, las mismas moléculas que dieron vida al universo entero hace 15.000 millones de años.

El camino aún es largo, todavía no podemos cantar victoria, pero sí podemos decir que cada día vamos adquiriendo un nivel más elevado de conciencia, y que poco a poco, con la ayuda y despertar del Vishuda-chakra, podremos ir venciendo las enfermedades y superando los obstáculos de esta larga carrera que es la vida.

Para comprender al Vishuda-chakra, cuya función principal es curar lo físico para fundamentar lo mental y elevarse a lo espiritual, habría que comprender aquel cuento indio que relata la historia de un hombre que entra en uno de los más hermosos templos sagrados y grita: «*El temblo ze extá callendio*». Los monjes y los feligreses se rieron de su extraña forma de hablar y no le hicieron caso a pesar de que el hombre señalaba el techo y gritaba desaforadamente.

El hombre salió del templo cabizbajo, y desde una prudente distancia vio cómo el templo se derrumbaba y mataba entre alaridos a todos los que ahí estaban, aquellos que se burlaron de su forma de hablar en lugar de poner atención en lo que les decía.

LAZOS Y ANALOGÍAS DEL QUINTO CHAKRA FUNDAMENTAL

NOMBRE
Vishuda.

SIGNIFICADO
Limpieza, depuración, purificación, tanto en el nivel físico como en el mental y el espiritual, que junto con el sexto chakra se convierte en la mejor arma de equilibrio, armonización y curación de nuestro ser en los tres planos.

VISIÓN
Casi todos los videntes que he consultado y los libros que me han servido de documentación coinciden en que este chakra irradia una luz de color azul. Unos dicen que es de color azul cielo, y otros lo ven de color azul intenso, pero todos ven el color azul en su vibración áurica.

Vishuda Chakra

En la visión clásica el Vishuda-chakra es una flor de 16 pétalos (uno por cada vocal del sánscrito) de color azul marino o azul eléctrico, con un centro color azul cielo o azul pálido, con un triángulo invertido y amarillo que recoge la energía de los chakras fundamentales y la amplifica hacia los chakras superiores.

VIBRACIÓN

A vibración del Vishuda-chakra se percibe con la palma de la mano como un remolino cálido de movimiento constante, como una fuerza electromagnética que atrae y repele al mismo tiempo.

A veces se siente una especie de cosquilleo que no llega a pinchar cuando está funcionando correctamente, pero que puede pinchar cuando la persona habla o fuma demasiado y altera su funcionamiento.

Si sienten unos leves pinchazos en el dorso de la mano, ha llegado el momento de dejar de fumar y de cuidarse de los resfriados.

Si la sensación es fría, como si pasara una corriente de aire helado entre la palma y la garganta, el chakra está bloqueado; y si la sensación es demasiado cálida, y de la palma de la mano se pasa a un agudo y constante pitido en los oídos, el chakra está claramente excitado. Si el sonido es constante y aparece sin que se ponga la palma de la mano a un centímetro de la garganta, hay una mala conexión entre los chakras Vishuda y Anahata, y una más que posible hipertensión, aunque en algunos casos, muy escasos, por cierto, puede ser señal de una buena capacidad de recepción de mensajes de otras dimensiones.

LOCALIZACIÓN ORGÁNICA

Este chakra está claramente asentado en la garganta y se percibe fácilmente en la base del cuello y en la nuez.

Por supuesto, se refleja perfectamente en la tiroides, las paratiroides, las cuerdas vocales, la nuca, las cervicales, el esófago y la tráquea, y se apoya en las anginas y en los ganglios salivales.

También puede reflejarse en los riñones (no en las glándulas suprarrenales) y en la parte exterior de los órganos sexuales.

Tiene conexión directa con los oídos, pero más con el sentido de equilibrio que proporcionan que en la capacidad física de percepción. Lo mismo le pasa con los lóbulos frontales, que en conexión con el sexto chakra regula la firmeza de los movimientos corporales y las acciones volitivas.

Finalmente, tiene cierto reflejo con el Anahata-chakra en la parte superior del corazón y en la aorta.

ELEMENTO FUNDAMENTAL

Una vez acabados los elementos clásicos que componen la materia, aparece el Éter, o quinto elemento, para centrar en una base elemental etérea y sutil al Vishuda-chakra.

No falta quien le adjudique el elemento del sonido,

o de la vibración, es decir, de las ondas hertzianas, e incluso el de las ondas electromagnéticas y hasta el elemento telúrico de la fuerza de gravedad. Posiblemente a nadie le falte razón, ni siquiera a aquellos que señalan a la Madera, elemento tradicional chino, como fuente elemental depuradora y aislante relacionada con este chakra.

Sea cual fuere el elemento fundamental del Vishudachakra, su tendencia es a la elevación, a la comprensión y al entendimiento, a veces de una manera más conceptual y artística, que netamente física.

ESTADO IDEAL

El arte, la estética, la belleza, la armonía, el equilibrio, la pintura, la música, la comunicación, el entendimiento, la creatividad artesanal o artística, la arquitectura, la cultura, la civilización, la evolución humana, la comprensión entre las partes, la relajación, el ocio creativo.

También gusta de la dedicación, la paciencia y la constancia, así como del disfrute de los pequeños detalles de la vida, aquellos que generalmente nos pasan desapercibidos y en realidad son los más importantes.

FUNCIÓN FÍSICA

La capacidad de hablar y escuchar, de emitir y recibir, de manifestar y de comprender las manifestaciones de los demás. Junto con el sexto chakra, tiene la función de proteger, depurar y sanar al organismo, reteniendo y eliminando los tóxicos, y asimilando los nutrientes (principalmente las sales minerales de yodo y calcio) en conjunción con el segundo chakra, y absorbiendo las energías positivas en conjunción con los chakras Manipura y Anahata.

También regula la firmeza de los movimientos y las habilidades creativas, y despierta a la mente en los procesos de asimilación e interpretación de los conocimientos, los conceptos y los símbolos, desde su base física, llevándolos y elevándolos a las fases mental y espiritual.

Función mental

Su función mental es la del entendimiento y la de crear estructuras, desde ingenios útiles y funcionales, hasta objetos de ocio o de adorno, y es que este chakra crea el entramado de la realidad para poder apoyarse en él y ascender hasta los confines del espíritu y la iluminación que se da en el sexto chakra.

Obviamente, la codificación y la decodificación, los lenguajes y los idiomas, las matemáticas y las ciencias se encuentran dentro de sus funciones, desde la filosofía hasta la física cuántica, sin dejar de lado las ciencias ocultas y las artes liberales. En otras palabras, el Vishuda-chakra es la base del pensamiento, porque es el que se empapa de la información interna y externa, y la transforma en creación, concepción e invención humana.

Función emocional

Percibir, sentir, oír, escuchar, gozar, llegar al éxtasis, elevar los sentimientos, amar más allá de lo carnal y lo mental, descubrir la luz de la Tierra y el alma de la materia, superar las creencias y convertirlas en experiencias, desarrollar las ideas y los ideales, y, por supuesto, comunicar las buenas nuevas, manifestar lo que hay en el interior, esparcir el conocimiento, compartir, ayudar, tolerar, mejorar, corregir, aumentar; construir las bases emocionales sin ataduras ni dependencias, para poder saltar desde ellas hasta la iluminación.

Función espiritual

En el Vishuda-chakra el ser humano despierta al espíritu sin importar su rango ni su condición, porque incluso la piedra más densa tiene su parte espiritual vibrando en su interior, por lo que su función espiritual se puede resumir en una sola palabra: evolución.

Una evolución que lleva al ser humano a buscar más allá de sus fronteras, de sus creencias y de sus concepciones, pasando primero por la comprensión, la adaptación y la ayuda a los demás (la aceptación y comunión con sus raíces), para poder disparar su espíritu como una flecha hacia el universo celestial. Desde un fundamento sólido y físico, hacia un plano etéreo o no físico, pasando por el entramado y filtro de la inteligencia, porque lo verdaderamente importante es el concepto, y no de lo que está hecho el concepto, porque al final siempre es más importante el contenido que el continente.

GLÁNDULAS

Tiroides, paratiroides, hipotálamo, cerebelo, bulbo raquídeo, glándulas salivales, anginas. Ganglios del cuello y sublinguales. Terminaciones nerviosas de la zona.

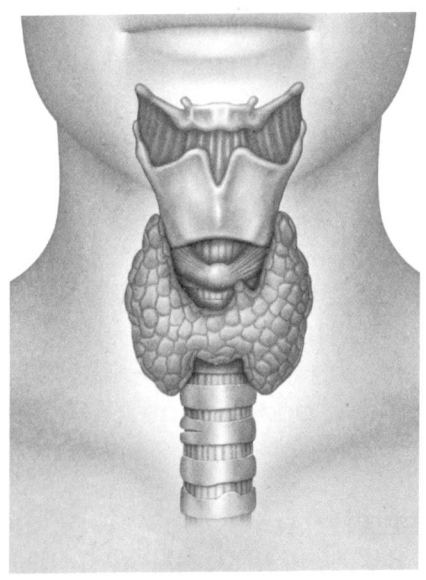

Tiroides, la glándula del Vishuda Chakra

ZONAS QUE AFECTA O QUE SANA

Cuello, garganta, nuca, boca, cuerdas vocales. Base del cráneo, dorsales superiores, cervicales, músculos de cuello y hombros (trapecios). Encías, dientes, campanilla, paladar duro y paladar blando, senos nasales.

Las glándulas antes mencionadas y sus funciones.

Debido a que es el chakra encargado de la depuración, la asimilación de las sales minerales y sostén cerebral del organismo, puede afectar todas y cada una de las zonas del cuerpo humano, y también puede sanarlas, pero rara vez provoca una disfunción vital total o la muerte, como en el caso el Anahata-chakra.

ENFERMEDADES QUE PROVOCA O QUE SANA

Bocio, hipotiroidismo, hipertiroidismo, atrofia glandular, otitis, mal de Parkinson, infarto de miocardio, descalcificación, caries, anginas, angina de pecho, sordera, pérdida del equilibrio, mala asimilación de las sales de calcio y de yodo, problemas de asimilación de la vitamina A, rechazo de alimentos, sinusitis, mala asimilación de los almidones, tortícolis, macrocefalia.

Golpes, caídas y accidentes que afecten la zona de la nuca, las cervicales, el cuello, la parte trasera de los hombros y la superior de la espalda.

Afonía, tartamudez, problemas de relación, ensimismamiento, catatonía, fobias a insectos y animales, vértigo, timidez y exceso de indecisión.

Esclerosis; infecciones de bronquios, cuello y garganta; dislexia; histeria; irritabilidad; dolores renales; represión o contención excesiva de emociones y sentimientos; aprendizaje lento; baja autoestima; problemas para asimilar conceptos o aprender el lenguaje; falta de creatividad; ronquera; cáncer de cuello; infección en la zona externa de los órganos sexuales.

Color de bloqueo

El morado tumefacto y oscuro, que no se debe confundir con el lila claro que es de excitación, es el único color capaz de bloquear las vibraciones del Vishuddha-chakra. Su aparición es síntoma de enfermedad, por eso en cuanto se perciban las primeras manchas hay que corregir inmediatamente con azul claro e intenso la anomalía.

El color ahuesado, aunque no llega a bloquear al chakra, es síntoma de debilidad, y si se aprecia en la nuca o bajo las orejas, puede causar desequilibrios, fobias y tendencia a la sordera.

Color de excitación

El rojo es síntoma de infección e inflamación; el anaranjado de problemas musculares; el granate de problemas musculares; el lila claro de mala función glandular; el color rosa señala problemas hepáticos, musculares y de los tejidos blandos, como las encías; el color gris y el color humo grisáceo señalan obstrucción, pólipos, falta de salivación, sequedad; y si son muy densos o extendidos, pueden ser señal de cáncer en la zona.

Color de armonización

El azul en todas sus tonalidades. Basta con aplicarlo generosamente en la zona para que el Vishuda-chakra recupere su tono vital, equilibrio y armonía.

El azul turquesa, es decir, el azul brillante y algo verdoso, es un buen activador, vitalizador y antibloqueo, e incluso el color verde mezclado con el azul puede ayudar bastante a mejorar la inteligencia, la facilidad de lenguas y la comunicación en general.

El azul índigo, que es casi violeta, solo es bueno en conexión con el sexto chakra y para superar enfermedades nerviosas o el mal de Parkinson, pero por sí solo y aplicado únicamente en la garganta creará más problemas que soluciones.

MEDITACIÓN

Bien controlados y sin fanatismo ni falsas expectativas, todo tipo de trance, éxtasis, meditación trascendental, viaje astral, proyección mental o relajación sublime, ayudan a mejorar y elevar las funciones físicas, mentales y espirituales del Vishuda-chakra.

Todos los ejercicios de catarsis teatral, terapia de grupo, arte terapia y mantra yoga son más que recomendables.

Los retiros espirituales, los ejercicios de constricción, las etapas de ayuno, castidad, silencio, ausencia de ego y ausencia de deseo, también potencian el buen funcionamiento de este importante chakra.

Sin embargo, y sin ir tan lejos, hablar con uno mismo, simplemente cerrando los ojos y acompañados de una música agradable mientras imaginamos que nos vemos en un espejo, que nos vemos a nosotros mismos, o que vemos nuestra fotografía, y hablamos con nosotros mismos, expresando y escuchando del interior al exterior y del exterior al interior, poniendo de manifiesto deseos y temores, es el mejor ejercicio para equilibrar y armonizar nuestro Vishuda-chakra.

PRANA ASOCIADO

Primero respirar muy suave, para tener conciencia de la respiración, del hálito divino que nos inflama y da vida; luego inspirar suave y profundamente contando mentalmente hasta 3, retener el oxígeno dentro de nuestros pulmones contando mentalmente hasta 3, y espirar acompasadamente contando mentalmente hasta 3. Repetir 3 veces la respiración.

MANTRA ASOCIADO

Mientras se trata el presente chakra, ya sea en la

meditación, la respiración, el ejercicio, el masaje o la gesticulación de la mano (mudra), es recomendable repetir la sílaba ham alargando la «a» y la «m», y convirtiendo en una jota muy suave la «h», con un sonido entonado sobre la nota musical «mí». Otro mantra asociado es la vocal «i», en el mismo tono musical y con la boca prácticamente cerrada. Finalmente, es harto positivo repetir los verbos «hablo», «digo», «oigo», «percibo», tanto verbal como mentalmente, cuando se está operando sobre este chakra.

MUDRA ASOCIADO

Mientras el paciente está meditando, recibiendo masaje, sesión de relajación, o cualquier otro de los aspectos de la terapia dinámica chakra, debe unir sus dedos anular, meñique y pulgar para mejorar el circuito de la energía vital que recorre el organismo. Esto, además de potenciar y equilibrar la vibración del chakra, ayudará a desbloquear otros chakras inferiores, a percibir mejor los latidos del corazón y a elevar el plano de conciencia, ya que esta simple posición de manos es suficiente para abrir el acceso a otros planos superiores.

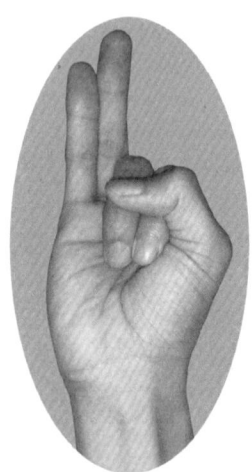

Vata Mudra, desbloquea al Vishuda Chakra

EJERCICIO FÍSICO

Cualquiera en el que haya música, danza, canto y expresión rítmica y corporal, lo importante es poner en movimiento rítmico todo el organismo. Por supuesto, los mantras del Hatha Yoga. A veces basta con oír música agradable, sin estridencias, y en otras ocasiones ir al bosque o el monte y gritar a pulmón abierto es un estupendo ejercicio.

Hablar en público; ponerse una piedra en la lengua y leer en voz alta tres páginas completas; decir a los demás lo que se siente o lo que se piensa, y escuchar la opinión de los demás sin prisas y sin prejuicios; pintar, dibujar, coser, cocinar, escribir, disertar, pensar, analizar, idealizar, concebir, criticar positivamente, solucionar un problema físico o intelectual, filosofar, y, en fin, dar rienda suelta a la imaginación y a la creatividad en sentido activo y positivo, puede reportar más beneficios para nuestra salud que correr o saltar.

La natación, sobre todo si se realiza en el mar y apoyada en una dieta rica en yodo y calcio, puede curar y prevenir muchos de los males, casi todos, relacionados con el Vishuda-chakra.

ALIMENTOS QUE LO FAVORECEN

Todas las frutas sin excepción. Con medida, los platos y la repostería muy elaborados. Alimentos frescos y naturales elaborados, y si puede ser hasta sembrados por uno mismo.

Incluso los alimentos conceptuales o imaginarios, como hacíamos cuando éramos niños; o bien las comidas poco copiosas en compañía de seres queridos; y hasta llevar ofrendas alimentarias a nuestros ancestros, que es tanto como alimentarnos el alma, las emociones, los sentimientos y los recuerdos, favorecen especialmente a este chakra.

Obviamente, todos los alimentos ricos en yodo y en calcio son imprescindibles en el tratamiento del Vishuda-chakra.

AROMAS

Todos los aromas suaves y frescos, ya sea en forma de incienso, ungüento, colonia o perfume, son los que mejor se relacionan con el equilibrio y la armonía del Vishuda-chakra.

METALES

Tanto el mercurio como el cobre son metales en los que se puede apoyar el tratamiento del Vishuda-chakra, sobre todo si se trata en conexión con el Anahata-chakra. A menudo basta con llevar un collar de cobre galvanizado, o una placa delgada de cobre pendiendo a la altura de la base del cuello, para darle un punto de armonía y equilibrio a este chakra.

CICLOS FAVORABLES

El viernes a primera hora de la mañana o a última de la tarde (anochecer), es el mejor momento para tratar al Vishuda-chakra. Para tratamientos largos el mejor mes de inicio es mayo. También son muy favorables las etapas lunares, sobre todo el cuarto creciente y la luna llena, para iniciar y continuar cualquier tratamiento relacionado con este chakra.

FIGURA

Un triángulo invertido; un cuadrado sobre el que descansa un triángulo; un cubo tridimensional; la figura de una media luna acostada, como las que les ponen a las Vírgenes en los pies; la imagen de un tablero de ajedrez o un suelo con mosaicos blancos y negros, son figuras recomendadas para iniciar sesiones de meditación, relajación; o para que el paciente los centre en su mente mientras el terapeuta le aplica color o masaje.

A veces no hace falta figura alguna, sino dejar que la mente divague a sus anchas mientras se medita (con los mudras y los mantras adecuados), se hace ejercicio o se recibe tratamiento para equilibrar y armonizar este chakra.

PIEDRA O GEMA

Todas las piedras, gemas y cristales de color azul, sólidas o transparentes, y sobre todo la turquesa, ya sea en amplia pulsera o en gargantilla pendiendo a la altura de la base del cuello, favorecen la vibración y el buen funcionamiento del Vishuda-chakra

MASAJE

Se recomienda, en el tratamiento de este chakra, comenzar la sesión dando un masaje vigoroso en las dorsales, subiendo hacia los trapecios, para cerrar suavemente sobre la nuca. Una vez que la persona esté relajada, aplicar un masaje energético (con las palmas de las manos a un centímetro de la piel) sobre el cuello hasta que se sienta calor y vibración en las palmas de las manos.

Cuando la vibración sea constante y parezca atraernos y repelernos, pasar la mano izquierda hacia la zona de la frente (sobre el sexto chakra) y mantener la mano derecha sobre la zona del cuello.

En cuanto se sienta una sintonía o conexión entre ambos chakras, o en cuanto se vea sobre el aura de la cabeza unos puntitos morados, pasar la mano izquierda hacia la zona de la coronilla, donde radica el séptimo chakra.

Una vez que se vuelva a conseguir la sincronía entre ambos chakras, volver a poner la mano izquierda sobre la zona del cuello, empujar y estirar las manos, como si se estuviera empujando y sacando energía del lugar, y en cuanto las yemas de los dedos estén muy cargadas, dar por terminado el masaje. Repetir hasta que se haya superado el mal o la enfermedad.

El terapeuta no debe olvidar que es más que recomendable tener a mano una mesa de madera virgen o una plancha de cobre donde poner las manos una vez acabado el masaje para descargar la energía sobrante.

XI
Sexto chakra:
Ajna, el chakra de la iluminación

El pasado, el presente
son uno
en la línea infinita
del tiempo y el espacio,
por eso pueden verse.
Einstein

Hablar de Ajna, el chakra de la iluminación, es hablar de lo intangible, de lo que está más allá de muchas comprensiones. Vishuda abre la puerta a lo que se dice y a lo que se oye, pero Ajna abre la puerta a lo que se ve, pero no solo a lo que se ve con esos nervios fotosensibles a los que llamamos ojos, sino a lo que se ve desde el interior, y es que para ver realmente lo que tenemos alrededor, a menudo hay que cerrar los ojos físicos y abrir los de la mente y del alma.

En el Ajna-chakra la intuición de Manipura y la comprensión de Vishuda se convierte en acción, dinamismo y movimiento, es decir, en conocimiento y manipulación deliberada de lo que se conoce.

En el Ajna-chakra la capacidad de abstracción y concepción que se daba en el Vishuda-chakra se convierte en conocimiento y aplicación de dicho conocimiento, y si son pocas las personas que han llegado a dominar el arte en su sentido abstracto y conceptual, más allá de lo aparente y lo formal, son aún menos las que lo conocen y lo aplican en todos los campos. Como dice el gurú Swami Vierjananda Aipat, El gusto es el argumento de la ignorancia. No se trata de un rasgo de superioridad, sino de un rasgo de cultivación y evolución, de elevación del plano de la conciencia, que corresponde solo a unos cuantos, y no como una gracia divina, sino como toda una responsabilidad, porque el que conoce está a las puertas de la sabiduría, y tiene la obligación de enseñar el sendero a los demás, tanto si quieren como si no quieren verlo.

En el Ajna-chakra se despierta la visión, pero no solo de una manera intuitiva o espiritual, sino también de una forma física, directa y palpable, que le permite ver a la persona desde una perspectiva más alta y más amplia lo que tiene delante de sus ojos. El Ajna-chakra ve el bosque desde lo alto de la montaña, mientras que los otros solo ven las sombras de los árboles: esa es la diferencia y esa es la intención, física, mental y espiritualmente hablando, que aprendamos a ver más allá de nuestras narices, más allá de lo superficial, lo cerrado y lo inmediato.

En todos y cada uno de nosotros vibra el Ajna-chakra, es decir, que en cierta manera todos vemos más de lo que vemos y percibimos más de lo que creemos, pero solo en el momento que elevamos nuestro nivel de conciencia hasta la altura del Ajna-chakra, no nos damos cuenta ni somos conscientes de lo que estamos viendo. La información entra de la misma manera en todos los cerebros, lo difícil es encontrarla en las celdas de nuestras neuronas cuando el Ajna-chakra está «dormido».

Por supuesto, quien despierta y toma conciencia suele tener mejor salud y mayor y más larga calidad de vida, porque conoce la fuente de sus males y cómo depurarlos, porque sabe encontrar la armonía y el equilibrio de cada uno de los chakras anteriores, y también sabe conectarse lúcidamente al séptimo chakra superior. Precisamente «lucidez» es la palabra que mejor define al Ajna-chakra, porque la luz de la conciencia es indispensable para su despertar.

Por supuesto, todo avance suele comportar un riesgo o un sacrificio, y cuando alguien cree, erróneamente, que se ha elevado demasiado puede devenir la caída. Las tentaciones son más fuertes a medida que más avanzamos por el camino de la evolución, ya que nuestro ego suele inflamarse de vanidad, poder y orgullo con mucha facilidad, por eso a menudo es mejor estar centrado y equilibrado, que estar elevado. Obviamente, los colores puros son los más fáciles de mancharse.

Evidentemente, sobre este chakra se puede alterar la consciencia, porque es el que más y mejor reacciona ante los procesos mentales y psíquicos, el que proyecta tanto la mente como los pensamientos, las emociones y los sentimientos, el rayo azul de la curación y el rayo violeta de la visión. El Ajna-chakra es el punto energético que centra la mente en cualquier otro punto, el que conecta y vincula las energías internas y externas, el que vuela y se desprende, y el que recorre nuestro interior, nuestra memoria, nuestra luz inherente y hasta nuestras células.

Si está desordenado o alterado artificialmente, puede jugarnos todo tipo de malas pasadas, ya que activa más la imaginación creativa de los deseos que la visión clara de las cosas, y de la misma manera que mueve nuestros intereses internos, también puede manifestar a nuestros propios temores y demonios.

Por eso es indispensable llegar poco a poco, paso a paso y de forma armónica y equilibrada hasta este chakra, ya que si no se hace de esta manera puede acarrear más problemas que soluciones, incluidas las pulsiones y psicopatías a las que seamos propensos.

Esa es la razón por la cual muchos terapeutas y autores rehúsan a hablar de este y del séptimo chakra, porque saben que una mala práctica puede ser negativa y traumática. El lector también debe saberlo, para que no caiga en la tentación del juego fácil ni se deje engañar por falsos gurús ni falsos profetas: para llegar a despertar coherentemente este chakra, antes deben estar en perfecta armonía y equilibrio los anteriores.

El Ajna-chakra es un chakra tan delicado como poderoso, pero también tiene un aspecto puramente físico que opera sobre la salud y que debemos conocer para apuntalar su desarrollo y nuestra buena salud.

LAZOS Y ANALOGÍAS DEL
SEXTO CHAKRA FUNDAMENTAL

NOMBRE
Ajna.

SIGNIFICADO
Conocimiento, luz, flama, saber, entender, percibir, manipular, domeñar, activar, encender, prender, situar, percibir, ver.

VISIÓN
En la visión clásica el Ajna-chakra es una gran flor de dos pétalos, de un color blanco transparente con pequeños filamentos violáceos: una flor de loto donde los dos pétalos representan las terminaciones eléctricas y por tanto el final de la conexión de los nadis Ida y Píngala.

Hay quien representa a la misma flor de color azul índigo, y hasta quien le pone un pétalo blanco y otro negro, si bien mantienen el triángulo invertido como amplificador de todas las energías de los otros chakras.

Los videntes consultados lo señalan como un foco de luz morada en constante emisión, que tinta el aura de pequeñas esferas lilas cuando la persona está disertando, meditando o en estado de relajación. Algunos perciben más el color azul intenso, como un rayo que saliera del entrecejo, mientras que otros perciben un pequeño túnel de color violeta en el centro de la frente, como si los primeros vieran más lo que emite y los segundos lo que absorbe.

Ajna Chakra

VIBRACIÓN

Tiene diversas vibraciones; una de ellas es como un latido que perciben tanto el paciente, en el entrecejo, como el terapeuta, en la yema de los dedos; otra es como una presión que siente el paciente en el entrecejo y mientras el terapeuta percibe un claro cosquilleo en el centro de la palma de la mano.

Si está bloqueado la percepción es mínima, algo fría y magnética, y el paciente no suele sentir ni latidos ni opresión alguna en la frente.

Si está excitado se percibe con facilidad y amplitud, como si la vibración abrazara toda la frente y se deslizara de las sienes hacia abajo por las patillas.

LOCALIZACIÓN ORGÁNICA

El entrecejo, justo donde todas las leyendas colocan al famoso tercer ojo, que no es otra cosa que el reflejo visual y visionario del Ajna-chakra.

También se refleja en el centro de la cabeza, en la parte alta de la nuca, en las sienes, en las mejillas y las patillas, y en los lóbulos frontales y temporales del cráneo; y, obviamente, en los cinco sentidos y en sus órganos y tejidos, de la misma manera que lo hace sobre el sexto sentido y sus ramificaciones.

205

El Tercer Ojo de Shiva

ELEMENTO FUNDAMENTAL

Este chakra carece de elemento fundamental, pero se apoya bien en la luz exterior y en la luz interior para expresarse. Es por ello que se le adjudica la Luz como elemento básico de proyección y recepción.

ESTADO IDEAL

Ver, sentir, percibir, proyectar, dominar, establecer, fundar, imaginar, crear, razonar, aprender, elevar la conciencia, abrir nuevas puertas, descubrir, inventar, concebir, desarrollar, evolucionar, visionar el continuo espacio-tiempo sin fracciones, conocer, encaminarse hacia la sabiduría.

FUNCIÓN FÍSICA

Ver, percibir, proyectar, conocer, aprender, superar, aplicar, proyectar.

FUNCIÓN MENTAL

Ordenar la intuición en clarividencia y conocimiento; transformar las ideas, las teorías, las tesis, las tecnologías, lo empírico y lo funcional en ciencia que se puede ordenar, ajustar y repetir en sentido creativo, benéfico y positivo.

FUNCIÓN EMOCIONAL

Ordenar los sentimientos y las emociones; evitar el caos, los celos, la envidia, el despecho, la venganza, el vicio y la dependencia; individualizar el ser interno del hombre y la mujer, enseñándoles que para ser realmente pareja antes y siempre deben desarrollarse primero como individuos únicos e independientes.

Elevar las emociones y los sentimientos al conocimiento de lo espiritual.

FUNCIÓN ESPIRITUAL

Abrir las puertas del espíritu a través del conocimiento aspirando siempre a la sabiduría. Elevar al ser tanto física como mental y espiritualmente.

Liberar al ser de lazos y condicionamientos para que reconozca y supere sus karmas y obligaciones.

Abrir las puertas de la visión interna y ampliar los horizontes de la visión externa.

Fusionar y conectar lo elevado con lo mental y lo físico; cerrar el circuito de las energías para convertirla en una sola dirigida al séptimo chakra, logrando conocimiento interior, conocimiento racional, conocimiento emocional, conocimiento intuitivo, conocimiento espiritual. Conocimiento en todos los planos.

Autoestima, autoconocimiento y autosuperación. Proyección sobre los demás y sobre el universo entero en sus tres planos de lo adquirido: enseñar, mostrar, manifestar, derramar los propios bienes y conocimientos sobre todo lo demás.

Compartir con quien se pueda compartir, dar a quien no tiene y recibir de buen grado y con humildad de quien tiene. Aprender aprendiendo y aprender enseñando.

GLÁNDULAS

La pituitaria, el hipotálamo y la pineal en conexión con el séptimo chakra. Las terminaciones nerviosas de los cinco sentidos. Las neuronas. El tejido cerebral. La materia gris.

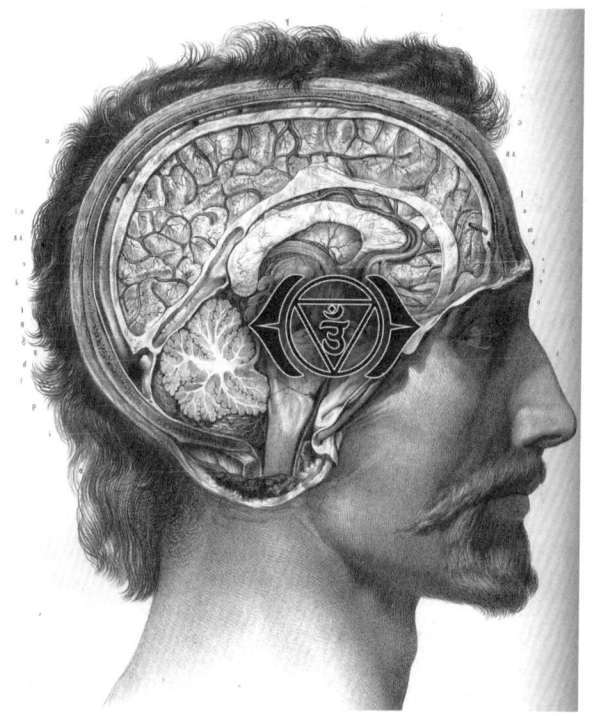

La proyección mental y espiritual de Ajna Chakra

ZONAS QUE AFECTA O QUE SANA

Básicamente los ojos, la nariz, los oídos, la piel, la lengua, las glándulas antes referidas. El cerebro, la cabeza, la cara, la frente. También los tobillos, el talón de Aquiles, los tendones, la tibia y el peroné.

ENFERMEDADES QUE PROVOCA O QUE SANA

Retención de gases; desórdenes del crecimiento; enfermedades nerviosas y psíquicas; migrañas, jaquecas, dolores de cabeza; problemas de piel y pelo; problemas de visión, desde miopía hasta ceguera, y desde vista cansada hasta estrabismo; problemas derivados de radiaciones y accidentes graves; enfermedades terminales; problemas de sueño, desde pesadillas hasta sueño ligero, pasando por cansancio excesivo o falta de vitalidad; angustias, ansiedades, falta de motivación vital, apatía, frialdad, frigidez; locura, ataques epilépticos, desórdenes neurológicos en conexión con el séptimo chakra.

COLOR DE BLOQUEO

El gris denso y plomizo es el único color capaz de bloquear este chakra, pero cuando el chakra está demasiado excitado es recomendable aplicarlo puntualmente.

COLOR DE EXCITACIÓN

Los colores tornasolados y de neón brillante excitan a este chakra en el aspecto físico, pero a menudo aparecen cuando la conciencia se encuentra en un estado alterado, en meditación, trance o éxtasis, y se regulan por sí mismos cuando la persona vuelve a la realidad.

Las luces demasiado intensas también pueden excitar al Ajna-chakra, así como los cambios violentos de oscuridad a claridad y viceversa.

COLOR DE ARMONIZACIÓN

El lila y el azul son los mejores colores a aplicar sobre el Ajna-chakra para que se armonice y equilibre; el blanco lo despierta y le abre las puertas de la percepción; el morado le abre las puertas de la intuición; el color plateado lo centra, y el gris plata le abre las puerta del conocimiento y la razón; el dorado lo eleva y expande; y el azul índigo le ayuda a proyectarse de manera positiva, tanto y de tal manera, que a veces basta con proyectar mentalmente desde el Ajna-chakra este color en forma de rayo, para curar, sanar y proteger a otras personas, a otras partes del cuerpo y hasta al mismo chakra, que puede proyectar el rayo azul índigo sobre sí mismo.

MEDITACIÓN

Cualquier concentración, relajación, meditación y abstracción, o incluso cualquier ejercicio espiritual sin importar las creencias o la religión, son adecuados para la armonización y el equilibrio del Ajna-chakra, siempre que se hagan en sentido positivo, sin pretensiones, aires de grandeza ni fanatismos.

Es más que recomendable, para trabajar en este sentido con el Ajna-chakra, la ayuda de un moderador preparado, o una larga experiencia y una más que aceptable armonía de los cinco chakras que le preceden.

PRANA ASOCIADO

Primero respirar muy suave, para tener conciencia de la respiración, del hálito divino que nos inflama y da vida; luego inspirar suave y profundamente contando mentalmente hasta 7, retener el oxígeno dentro de nuestros pulmones contando mentalmente hasta 7, y espirar acompasadamente contando mentalmente hasta 7. Repetir 7 veces la respiración.

MANTRA ASOCIADO

Mientras se trata el presente chakra, ya sea en la meditación, la respiración, el ejercicio, el masaje o la gesticulación de la mano (mudra), es recomendable repetir la sílaba aum alargando la «a» y la «m», y convirtiendo casi en «o» la unión de «a» y «u», con un sonido entonado sobre la nota musical re. Otro mantra asociado es la letra «m», pronunciada sin abrir la boca y rebotando su vibración en ambos paladares, en el mismo tono musical de re. Finalmente, es harto positivo repetir los verbos «veo», «visualizo» o «preveo», tanto verbal como mentalmente cuando se está trabajando sobre este chakra.

MUDRA ASOCIADO

Mientras el paciente está meditando, recibiendo masaje, sesión de relajación, o cualquier otro de los aspectos de la terapia dinámica chakra, debe unir sus dedos índice, corazón y pulgar para mejorar el circuito de la energía vital que recorre el organismo. Esto, además de potenciar y equilibrar la vibración del chakra, ayudará a desbloquear otros chakras inferiores, a percibir mejor los latidos del corazón y elevar el plano de conciencia, ya que esta simple posición de manos es suficiente para abrir el acceso a otros planos superiores.

EJERCICIO FÍSICO

Todos los que se realicen ejercicios tántricos (de concentración), y para conectarse correctamente con el resto de los chakras también lo favorecen los ejercicios pélvicos que lanzan la energía kundalini desde Muladhara-chakra hasta el Ajna-chakra.

Por supuesto, todos los ejercicios mentales, ya sean de agilidad, cálculo, creatividad o estrategia también abren el Tercer Ojo.

A veces una profunda y total relajación es el mejor de los ejercicios para equilibrar, centrar y armonizar al Ajna-chakra.

ALIMENTOS QUE LO FAVORECEN

Absolutamente todos, siempre que se haga una comunión con ellos antes de ingerirlos.

Hay quien señala a los psicotrópicos como su alimento análogo, pero en este aspecto debo insistir que la preparación, equilibrio y armonía previos son fundamentales, ya que de otra manera solo se conseguirá o se estará al borde de un desequilibrio total, de una larga desconexión con la realidad y hasta de la muerte en completo desequilibrio. Lo mismo sucede, aunque por regla general sin tanto dramatismo, con los ayunos prolongados o las mono dietas.

AROMAS

Prácticamente todos, aunque entre sus favoritos están los inciensos fuertes, como el de aroma a amapola, canela, pachulí, artemisa y azafrán, por citar algunos.

El incienso intenso para Ajna Chakra

A menudo basta con un aroma limpio y fresco para que este chakra vibre con armonía y equilibrio.

METALES

Tanto el plomo como los radioactivos; el oro como la plata; y hasta el cobre y el estaño. Obviamente, los radioactivos, por análogos que le sean, no son nada recomendables.

El plomo, en casos extremos, y la plata reducirán siempre la excitación y lo centrarán en tierra; el oro y el cobre servirán para desbloquearlo; y el estaño será más que útil para conectarlo con otros chakras.

CICLOS FAVORABLES

Prácticamente todos, tanto en meses como en días y horas, si bien es cierto que el mediodía, sobre todo en verano; la medianoche, sobre todo en invierno, y los días de luna llena el resto del año le son especialmente favorables.

FIGURA

Cualquier imagen es buena para centrar el pensamiento y poner en funcionamiento al Ajna-chakra, desde cuerpos sólidos y tridimensionales, hasta figuras planas, pasando por nebulosas, rayos, puntos de luz, estrellas, luces en movimiento, etc., porque en cuanto centramos el pensamiento desde el Ajna-chakra, las imágenes aparecen por sí solas.

Para la curación la mejor imagen posible es la de una estrella luminosa, la de una lluvia de estrellas y hasta la de un ángel, jerarquía celestial o ser considerado religiosa, mental o anímicamente superior.

PIEDRA O GEMA

Se podría decir que el cuarzo en todas sus modalidades, porque esta piedra vibra en el mismo rango que el ser humano, pero el cuarzo rosa, el transparente y el lila lo favorecen especialmente. Esto no es óbice para que el azabache le centre y evite la excitación, la obsidiana le ayude a proyectarse mientras le protege, y el lapislázuli le sea de gran ayuda al momento de emitir el rayo azul índigo de curación y protección.

MASAJE

A veces basta con un suave roce sobre las vellosidades de la cara, sobre todo en la zona de las patillas, para activar a este chakra, que nunca debe excitarse más de la cuenta.

Una alianza o anillo de oro colocado en el entrecejo desbloquea casi de inmediato el Ajna-chakra; y una moneda de plata sólida sobre el mismo punto le resta excitación.

El masaje energético a un centímetro de la piel con la palma de la mano izquierda lo abre y hace más intuitivo, y el mismo movimiento con la palma de la mano derecha lo cierra y lo centra más en lo material y lo físico.

Los masajes en esta zona deben ser breves y puntuales, conectándolo con el resto de los chakras dejando la mano izquierda sobre el Ajna-chakra y utilizando la mano derecha para focalizar la energía de los otros chakras, dependiendo de la zona que se quiera sanar o equilibrar. Solo en caso de conexión con el séptimo chakra, para enfermedades mentales, psíquicas y neurológicas, o bien para ejercicios espirituales bien dirigidos por un moderador, la mano izquierda se pone sobre el séptimo chakra y la mano derecha sobre el Ajna-chakra.

XII
Séptimo chakra:
Sahasrara, el chakra de la liberación

Si no lo sabes, no mientas
ni lo inventes,
si no es cierto, no lo propagues,
y, si no es correcto,
no lo hagas.
Epicteto

En el séptimo chakra se podría resumir al resto de los chakras, sobre todo en estados perfectos, ideales o iluminados, pero como el ser humano de hoy en día dista mucho de esa elevación de conciencia que le permitiría ordenarlo todo a partir del chakra del áureo florecer, nos acercaremos a él desde la perspectiva, precisamente, de la elevación de conciencia, esa elevación que por lo menos nos permitiría acceder a un nuevo plano de entendimiento y conocimiento de nuestro cuerpo, nuestra mente y nuestro espíritu, y, por lo tanto, de nuestro propio organismo y nuestra salud.

Este es el chakra que todos los sacerdotes tocan en el momento del bautismo, y el que miles de sanadores y curanderos manipulan directamente sin tener en cuenta a los anteriores, creyendo erróneamente que, si el chakra superior está bien, lo estará todo el cuerpo, pero olvidan, o saben demasiado, que sus operaciones sobre este chakra actúan más como un paliativo transitorio, que como una verdadera cura.

Como su reino no es de este mundo, no es un chakra «peligroso» como el Ajna-chakra, aunque sí puede inclinar a la persona a estados de trance, éxtasis, locura transitoria y hasta fanatismo religioso, pero no por ignorancia de la persona, sino por puro interés en ser salvada, elegida o por lo menos recompensada por las inteligencias celestiales que de paso se harán cargo de su alma y de sus responsabilidades religiosas. En otras palabras, que a través de este chakra se puede caer fácilmente en el cómodo autoengaño, que puede acabar en una gran frustración o en un drama sectario.

Abriendo el Sahasrara Chakra

No hablaré de sus funciones espirituales porque en realidad no las conozco, y aunque gracias a este chakra sé de verdad que hay algo más y que no estamos solos ni en el universo ni en las dimensiones, también sé que las experiencias, y sobre todo las espirituales, son únicas, personales e intransferibles, y que mi escaso conocimiento sobre el tema no puede serle útil a nadie.

Hoy, 24 años después, sigo pensando lo mismo.

Además, no puede relatarse lo incomprensible, como la graciosa historia de aquel maestro, quien después de miles de reencarnaciones llenas de sacrificio, meditación, abstinencia y entrega a los demás subió finalmente al Nirvana, sonriente e iluminado, y ahí se encontró, de pronto, con reyes corruptos, asesinos, prostitutas, violadores, seres débiles, viciosos y pusilánimes que él había conocido a lo largo de su vida. Así que se acercó a la luz infinita y con una rabia que apenas si podía contener, preguntó: «¿Cómo es posible que estos seres, engendros de envidia, odio, tiranía y maldad se encuentren aquí, junto con los que hemos dedicado la rueda de la existencia manifestada en mil vidas a hacer el bien y a impulsar el plan divino de la evolución?», y la luz infinita le respondió: «Porque, como tú, hicieron lo que tenían que hacer, y si te sigues quejando volverás inmediatamente a la Tierra».

LAZOS Y ANALOGÍAS DEL
SÉPTIMO CHAKRA FUNDAMENTAL

NOMBRE
Sahasrara.

SIGNIFICADO
Áureo florecer de la flor de los mil pétalos multiplicados por mil, o simplemente florecimiento.

VISIÓN
Luces y colores de todas las intensidades y tonalidades, como si de la coronilla salieran fuegos de artificio, un volcán en erupción o una emisión de luz voluptuosa y rica en matices.

La visión clásica lo señala como un rosetón de muchos pétalos (mil por lo menos), de diversos colores o de un color translúcido entre dorado y turquesa, o de un morado tornasolado, o bien, con tantos colores por pétalo que es imposible describirlo.

Sahasrara Chakra

VIBRACIÓN

Se percibe como un torrente de energía que brota de la coronilla, o simplemente como un calor suave que emerge de la parte superior de la cabeza, dependiendo de lo atenta o concentrada que esté la persona. Hay personas que cierran inconscientemente la emisión vibratoria de este chakra, como si opusieran resistencia o como si tuvieran un pudor espiritual de mostrar su fuero interno.

A veces parece que sobre la palma de la mano y las yemas de los dedos se están clavando suavemente miles de diminutas agujas.

LOCALIZACIÓN ORGÁNICA

Aunque este chakra está justo en el centro de la cabeza, asentado en el hipotálamo y reflejándose a través de las glándulas pineal y pituitaria, donde se conecta con el Ajna-chakra, se percibe con fuerza en la coronilla y en toda la parte superior de la cabeza, porque su energía recorre todo el córtex cerebral superior.

De hecho, se refleja en todo el organismo a través de las reacciones químicas y electromagnéticas del mismo, y de las secreciones endocrinas, como principal responsable del crecimiento, desarrollo, madurez y posterior senectud del cuerpo humano a nivel físico y mental.

ELEMENTO FUNDAMENTAL

Como el Ajna-chakra, el Sahasrara y séptimo chakra carece de elemento fundamental físico y palpable, por lo que muchos le adjudican el Tejido Espiritual y hasta el Ectoplasma como elemento básico. No falta quien diga que se sustenta de la Sabiduría o del Aura, o incluso de lo que están hechos los Pensamientos, lo Astral o los Sueños.

En suma, se podría decir perfectamente que su elemento es el Espíritu que se expresa a través de la Sabiduría, más allá de la fe, la creencia, la emoción, la visión o la intuición.

ESTADO IDEAL

La espiritualidad, pero no aquella que conviene al alma, al cuerpo o al pensamiento, sino la que se libera de las ataduras terrenales, la que nos hace comprender las ilimitadas experiencias que puede tener el ser a lo largo y ancho del universo en todos sus planos y dimensiones.

Hay quien confunde la información con la sabiduría, o el tener muchos títulos con la inteligencia, porque supone de antemano que no hay mayor inteligencia sobre el planeta que la humana, y todo porque es la única que más o menos conoce. El verdadero saber se nutre de las experiencias, y no de lo que queda escrito con letra de molde sobre un papel, y en este sentido hay mosquitos, plantas y piedras mucho más sabias que la humanidad entera.

Por desgracia, el pensamiento occidental considera que una persona no es inteligente si no lleva zapatos, no va a la escuela y no tiene un médico cerca, es decir, si no copia o acepta el modelo occidental. Afortunadamente hay pueblos que llevan miles de años viviendo, creciendo, evolucionando y desarrollándose al margen de la civilización, los zapatos, la escuela y los médicos; pueblos que muy posiblemente seguirán viviendo sobre la Tierra tan campantes y tan tranquilos, cuando las civilizaciones más modernas, orgullosas y pretenciosas hayan desaparecido de la faz del planeta, junto con sus zapatos, sus escuelas y sus médicos.

Mientras el hombre crea que puede poseer un trozo de tierra que le trascenderá en todos los sentidos, permanecerá de espaldas al estado ideal del Sahasrarachakra.

Función física

Todas las cerebrales y neuronales, es decir, la organización íntegra del cuerpo humano.

Función mental

Aprendizaje, conocimiento, experiencia, creación y sabiduría suficientes para comprender que la naturaleza más desordenada es la que está en equilibrio, mientras que el jardín más hermoso y el edificio más alto no son más que un feo remedo de la intromisión y el caos.

El universo y el mundo en que vivimos están especialmente diseñados para nosotros. Miles de millones de años se han puesto a nuestro servicio para que tú y yo podamos disfrutar de los regalos que nos han hecho los dioses, en lugar de echarlo todo a perder y de perdernos a nosotros mismos en el marasmo de las cosas sin sentido que llamamos cultura.

Somos depredadores intrusivos, nada ecológicos, por más que lo pretendamos castrando gatos o quejándonos de los demás, porque siempre son otros los culpables del deterioro del planeta, nunca nosotros, que siempre vemos la paja en el ojo ajeno, y no la viga en el nuestro, porque tenemos más que obturado el Sahasrara-chakra y no nos interesa tenerlo abierto.

FUNCIÓN EMOCIONAL

Antes que nada, aceptación de la realidad más allá de todo tipo de creencias, y liberación del orgullo de nuestras obras, nuestras ciencias, nuestras creencias y nuestras emociones: liberación de las esclavitudes a las que nos sometemos nosotros mismos por negarnos a aceptar que somos viajeros de paso por esta experiencia vital: comprender finalmente que estamos aquí de visita.

Lo sabemos, pero muy a menudo nos negamos a aceptar la realidad: nadie sale vivo de la experiencia vital en este planeta.

FUNCIÓN ESPIRITUAL

Recogimiento de las experiencias, comprensión de lo vivido, elevación constante de conciencia, y, finalmente, liberación del espíritu de las ataduras mentales, religiosas, emocionales, científicas, corporales y de cualquier otra índole que impidan la recuperación de nuestro verdadero ser: el espíritu mismo.

GLÁNDULAS

Absolutamente todas, pero principalmente el cerebro, el bulbo raquídeo y la pineal, los verdaderos asientos del espíritu, donde lo consciente y lo inconsciente, lo deliberado y lo automático, lo instintivo y lo funcional, lo emocional y lo racional, no son más que botones que presiona nuestro ser interno para empaparse de las experiencias de esta vida, como si condujéramos un vehículo del que conocemos todas y cada una de sus partes, en esencia, funcionamiento, dirección y mecánica.

ZONAS QUE AFECTA O QUE SANA

Principalmente el cerebro y todos sus componentes, el sistema nervioso central, y el resto del cuerpo por extensión y consecuencia. El día que lleguemos a dominar el Sahasrara-chakra, nos pondremos y quitaremos este traje orgánico al que llamamos cuerpo, sin mancharlo siquiera, en perfecto estado desde el principio hasta el final.

ENFERMEDADES QUE PROVOCA O QUE SANA

Principalmente las del cerebro, en segundo lugar, las glandulares y finalmente las corporales, pasando por las psíquicas, las emocionales, las psicosomáticas, las de actitud, las kármicas, y hasta las que aparentemente son contagiosas o accidentales, porque ya antes de nacer o ser concebidos, tal y cómo pronto demostrará el mapa del ADN (y ya lo está demostrando), programamos nuestras debilidades, deficiencias y puntos fuertes, haciéndolo todo causal y sin dejar nada en manos de la casualidad.

En un plano más físico y tangible, hay que señalar las cefaleas, la encefalitis, la alienación y el desequilibrio; parálisis, cáncer, depresión, atrofia muscular, atrofia nerviosa, parálisis cerebral; contagios, epidemias, enfermedades infantiles, peste, poliomielitis, leucemia, enfermedades regresivas, envejecimiento acelerado, inmadurez crónica, gigantismo, enanismo, problemas de desarrollo y desórdenes del crecimiento; enfermedades congénitas y enfermedades hereditarias.

COLOR DE BLOQUEO

Ninguno, o, en todo caso, la ausencia total de color, más allá del blanco y el negro y más allá del espectro visual del hombre. La simple diferencia de temperaturas y de energías crean zonas visuales perceptibles alrededor de este chakra, por lo que este chakra nunca queda realmente bloqueado, al menos mientras estamos vivos, ya que a veces, cuando el encefalograma se muestra plano y se ha declarado la muerte clínica, este chakra aún emite sus últimas vibraciones, como puente de liberación final que permite apartarse al cuerpo astral de los cuerpos mental, emocional y físico, dejando que estos cuerpos creen sus últimos fantasmas emocionales de ectoplasma y nitrógeno, mientras el cuerpo astral asciende al universo libre de toda clase de ataduras.

Las religiones coercitivas, como las judeocristianas, nos demuestran que hasta los fantasmas de sus creyentes son presos de su cultura alienada, movidos por la coacción emocional y el miedo, con lo que, durante su vida, si están a punto de morir, creen en su dios, pero si no lo están, pueden darse el lujo de ser ateos, para ser fantasmas religiosos una vez muertos. El absurdo de Camus es un niño en pañales comparado con el absurdo de las religiones occidentales.

Por lo tanto, el bloqueo a Sahasrara-chakra no es de color, sino de la falta del más mínimo entendimiento.

COLOR DE EXCITACIÓN

Los lilas y morados muy intensos, y los rojos muy translúcidos, es decir, los que casi se escapan de nuestro espectro visual en primera instancia un poco más allá del violeta y de los infrarrojos. A veces también los tornasolados. Estos colores, además de crear problemas físicos y mentales, pueden dar la falsa impresión de muerte, o, en el mejor de los casos, un desprendimiento o viaje astral transitorio.

COLOR DE ARMONIZACIÓN

El dorado y el lila cristalinos son los principales

colores de armonización, pero cualquier color cristalino es útil para equilibrar el funcionamiento de este
chakra. Basta con aplicarlo en la zona con un foco de
luz, con un prisma que sirva de filtro a la luz del sol,
incluso con pintura clara o con consistencia de gelatina transparente.

MEDITACIÓN

Las ceremonias de bautismo o iniciación, ya sea con
imposición de manos o rociando con agua la coronilla,
e incluso por inmersión, abren y sensibilizan el Sahasrara-chakra de manera clara y contundente; pero
como no podemos estarnos bautizando todos los días,
podemos sentarnos, acostarnos o sentarnos en posición de flor de loto, con el prana, el mantra y el mudra
correspondientes, cerrar los ojos y meditar centrando
nuestro pensamiento en lo que es y significa la vida,
mientras dejamos libre a nuestro espíritu para que va-
gue a sus anchas y experimente.

Obviamente, la ayuda de un moderador centrado
y experimentado es más que recomendable para que
nadie se asuste o se quede «colgado» temporalmente
ante dicha experiencia.

PRANA ASOCIADO

Primero respirar muy suave, para tener conciencia
de la respiración, del hálito divino que nos inflama y da
vida; luego inspirar suave y profundamente contando
mentalmente hasta 9, retener el oxígeno dentro de
nuestros pulmones contando mentalmente hasta 9,
y espirar acompasadamente contando mentalmente
hasta 9. Repetir 9 veces la respiración.

MANTRA ASOCIADO

Mientras se trata el presente chakra, ya sea en la
meditación, la respiración, el ejercicio, el masaje o la

gesticulación de la mano (mudra), es recomendable repetir la letra «n» de forma nasal, sin abrir la boca, intentando que esté en la tonalidad musical del do. También se puede repetir, verbal o mentalmente, los vocablos «yo sé», «yo busco» o «yo entiendo», mientras se esté trabajando con este chakra.

MUDRA ASOCIADO
Mientras el paciente está meditando, recibiendo masaje, sesión de relajación, o cualquier otro de los aspectos de la terapia dinámica chakra, debe unir sus dedos anular, corazón y pulgar para mejorar el circuito de la energía vital que recorre el organismo. Esto, además de potenciar y equilibrar la vibración del chakra, ayudará a desbloquear otros chakras inferiores, a percibir mejor los latidos del corazón y elevar el plano de conciencia, ya que esta simple posición de manos es suficiente para abrir el acceso a otros planos superiores.

EJERCICIO FÍSICO
Todos y ninguno; la misma meditación; todas las clases de yoga; la relajación.

ALIMENTOS QUE LO FAVORECEN
El ayuno programado y responsable, sin sacrificios exagerados ni mortificaciones fuera de lugar. No hay que olvidar que los chakras requieren siempre el punto justo medio, ya que toda exageración excita y toda dejadez bloquea.

Los insectos, las algas, los gusanos, las plantas, las pulpas, los cactos y hasta algunas arcillas y piedras blandas, es decir, los alimentos antiguos y fundamentales, también son buenos equilibradores y armonizadores del Sahasrara-chakra.

AROMAS

Todos los florales, sobre todo si son naturales, sin intromisión de aceites o alcoholes, favorecen especialmente a este chakra en el campo de la salud. Para la meditación y la salud mental, los aromas que lo favorecen son los del incienso natural y el de las velas de cera virgen cuando están quemándose, lo mismo que las esencias de violeta, nardo y azahar.

METALES

El oro y el platino, para favorecer las funciones físicas y equilibrar los nervios; el titanio y el acero inoxidable para equilibrar las funciones mentales; y el estaño para armonizar las funciones emocionales.

CICLOS FAVORABLES

Absolutamente todos, si bien es cierto que los sábados a la medianoche, los domingos al mediodía y los días de luna llena y luna nueva, son más propicios para la apertura y despertar de este chakra, así como para iniciar ejercicios espirituales, meditaciones y curaciones de larga duración.

FIGURA

La de la luna llena, la del sol resplandeciente, la de una rosa encarnada de mil pétalos de mil colores diferentes, la de una estrella supernova, la de una galaxia entera, la de una nebulosa cósmica, y hasta la de la misma persona enmarcada por una luz violeta y dorada, son buenos refuerzos para potenciar el Sahasrara-chakra tanto en la meditación como en la curación, siempre que el terapeuta o el moderador sepan dirigir la sesión y lo que están haciendo.

PIEDRA O GEMA

Todas las de color violeta, sobre todo las transparentes, incluso la amatista. También las translúcidas, desde el cristal de un vaso hasta el diamante. Todas las que tengan vetas doradas. Basta con colocarlas en la coronilla para que el séptimo chakra reaccione y se abra a nuevas y sorprendentes experiencias.

MASAJE

Una simple imposición de manos; poner las manos por encima del chakra con los dedos formando un triángulo; un masaje energético con ambas manos, o con la mano izquierda centrada en la coronilla mientras la mano derecha recorre los otros chakras; formar un círculo por encima de la coronilla con los dedos, uniendo pulgar con pulgar e índice con índice de ambas manos; o simplemente tocar la coronilla con el dedo anular de la mano izquierda, es suficiente para despertar la sensibilidad del chakra, y para que en ese momento el paciente y el terapeuta pidan con toda la fuerza de su alma el deseo de curarse, porque de esa manera y en un solo momento todos los chakras pueden ordenarse, armonizarse y equilibrarse.

EL O LA TERAPEUTA DEBE PROTEGERSE

Si el terapeuta lo hace sin contar con la ayuda y colaboración del paciente; es decir, si el terapeuta mantiene los secretos y los aplica sobre el paciente ignorante, el tratamiento será efectivo solo temporalmente. No hay que olvidar que, en la terapia dinámica con los chakras, para lograr verdaderas metas, la elevación del nivel de consciencia debe ser compartida, y no la prerrogativa de una sola de las partes.

Como señalé en un capítulo anterior, las energías siempre se complementan, tanto si son positivas, negativas, neutras o enfrentadas.

Lo mejor, por supuesto, es que sean armónicas y de mutua confianza, pues las malas vibraciones del paciente pasarán al terapeuta, que debe anularlas o corregirlas protegiéndose con una pulsera de madera o con una mentalidad fuerte, comprensiva y positiva.

El terapeuta, sobre todo el novato, está expuesto a contagios, depresiones, desánimo, miedo y hasta virus, hongos y bacterias que emita el paciente, de la misma manera que el paciente está expuesto a las buenas o malas vibraciones del o de la terapeuta, tomando siempre en cuenta que la parte activa y más protegida es la del terapeuta, y la más débil y receptiva la del paciente.

El terapeuta debe protegerse de los contagios y de sí mismo más que del paciente que está en sus manos, o, en otras palabras, debe tener sus chakras equilibradas y en línea para sanar al paciente y para no absorber los males que está tratando o sanando.

Muchas veces el paciente sale sanado de la consulta, alegre y feliz, mientras el, o la, terapeuta se queda débil y con la enfermedad que ha curado a cuestas; y si son muchos pacientes al día o a la semana, el peso de los males puede ser una verdadera carga.

Por tanto y para protegerse, la primera que debe aprender a soltar y a librarse de las emociones, así como de las ataduras físicas y mentales, es la persona que realiza la terapia, algo que se aprende poco a poco con la experiencia y la madurez, o con la consciencia del séptimo chakra, algo que de entrada muy pocos terapeutas tienen.

Por eso hay que lavarse (meditar, respirar, armonizar y proyectar), tanto antes como después de tratar a cada paciente. La pulsera de madera aísla y protege, pero no siempre es suficiente.

Si quieres sanar, curar o sanar a alguien, es mejor que estés sano, fuerte y consciente, con los chakras en orden y la vocación de servicio impoluta.

TU CUERPO

Hay que aceptar que el cuerpo envejece y se deteriora, pero no por ello se debe dejar de cuidarlo y prevenir males y enfermedades.

La vejez viene por sí sola, no hace falta entregarse a ella ni someterse a los achaques que vienen a su lado y que tanto martirizan a los ancianos.

El cuerpo envejece, pero el alma debe mantenerse siempre joven, como el espíritu.

Uno puede tener muchos años, pero no por eso se debe asumir el ser un viejo decrépito o un anciano desahuciado.

La esperanza de vida ha aumentado mucho en los últimos años, la calidad de vida, también, y si antes había una crisis de los cuarenta, hoy apenas si hay la crisis de los sesenta.

Hasta hace apenas un siglo la esperanza promedio de vida era de 45 (hombres) a 50 años (mujeres), hoy lo es de 78 (hombres) a 84 años (mujeres), y tanto la jubilación como el concepto de ancianidad han ido variando.

Es por eso mismo que la calidad de vida debe mantenerse desde el nacimiento hasta la muerte.

No hay que dejar que el cuerpo se venga abajo, flácido, gordo, lento, encorvado por tener más de sesenta años; hay que mantenerlo enhiesto, activo, fuerte, sensible, pensante, estudioso e interesado por el amor, el sexo y la vida entera.

El mundo no se acaba por cumplir años, sigue ahí ofreciéndonos todo lo que es y lo que produce.

El cuerpo físico es un ente independiente con una estructura biológica determinada que aún hoy en día no comprendemos del todo ni los estudiosos oficiales ni los alternativos.

No sabemos todos sus misterios ni todo su funcionamiento, aunque se avanza día a día en su comprensión.

Tu cuerpo forma parte de ti, pero no eres del todo tú; tu cuerpo está integrado al pensamiento y a las emociones, pero ni piensa ni siente lo que tú crees pensar y sentir.

El cuerpo es un vehículo, pero no eres tú; el cuerpo es un fenómeno biológico, pero no eres tú.

Tú ni siquiera eres el nombre, la patria, el prestigio ni las posesiones; tampoco los celos ni los amores que tanto sufres o gozas, tú simplemente eres tú, nada más, el resto son cosas, sensaciones y química independiente de tu ser interno y de tu esencia.

Tú eres espíritu, luz, no cuerpo ni mente ni alma.

El cuerpo es tuyo, pero tú no eres del cuerpo.

Debes cuidarlo como a un templo sagrado, pero no te pertenece, no del todo.

Vivir bien, mucho y saludable, depende en buena parte de lo que cuides a tu cuerpo, pero no debes olvidar que llegará el día de la separación, cuando el cuerpo pase a otro estado y tu espíritu ascienda o se libere del cuerpo.

Ambos son eternos.

Tu cuerpo, como átomos y partículas, siempre ha existido y siempre existirá, y tú, como ser de luz, espíritu, también pervivirás y existirás para siempre, porque siempre has existido.

Eso nos dice el despertar y la abertura del séptimo chakra, el coronario, Sahasrara, tenlo por cierto y siempre a buen recaudo, no le tengas miedo ni dejes que te produzca espanto, pues el último y el primero, el alfa y el omega, la puerta por donde entras y sales de este mundo.

"Cuida y aprecia a tu cuerpo, que para eso te lo han dado, pero no te olvides de quién eres en realidad", es el mensaje final de Sahasrara-chakra.

Conclusión
¿Cómo elevar el nivel de consciencia?

*El final de los finales
nunca es el verdadero final,
sino un eterno comienzo,
así que no le temas
a ese nuevo nacimiento.*
KRISHNA

Cuando mis alumnos o pacientes me preguntan si la clase o la terapia que acabamos de realizar les servirá para siempre, muy a mi pesar tengo que contestarles que no, que cuando vuelvan a lo cotidiano lo más seguro es que pierdan parte de la armonía conseguida.

La terapia funciona de una manera tan rápida y efectiva como lo haría cualquier otro tipo de medicina, pero no es suficiente en sí misma para evitar todos los males y todos los vicios. Entonces me preguntan qué tienen que hacer para lograr una armonía más duradera, y yo tengo que decirles que es indispensable elevar el nivel de consciencia de una manera global holística e integral para poder mantener el cuerpo, la mente y el alma en equilibrio y armonía. Pero, ¿cómo hacerlo, cómo lograr algo que parece tan conceptual e intangible?

La respuesta es tan sencilla como compleja, ya que para elevar el nivel de consciencia se tiene que avanzar y evolucionar en todos los frentes:

El emocional
El intelectual
El anímico
El corporal
El creativo
El espiritual

231

Empezando por poner en movimiento la rueda de la voluntad, es decir, tomando decisiones activas y creativas

Imaginar
Aspirar
Crear
Actuar
Consolidar
Realizar

Y manteniéndolo en funcionamiento, siempre de forma positiva y ascendente.

Por supuesto, no se puede pensar en arreglar solo parte de nuestro ser o solo una fracción de nuestra realidad, ya que, si no vamos a la fuente del problema y reparamos el continente y el contenido, el mal acabará por reproducirse tarde o temprano.

Si avanzamos solo en el camino de la imaginación y los deseos, y dejamos de lado la aspiración, la creación, la actuación, la consolidación, la realización y el mantenimiento, los segundos valores se convertirán en una rémora que impida el avance real, y mientras más imaginemos y deseemos, en lugar de avanzar solo crearemos una tensión y un conflicto que acabará por romper el hilo de unión o que volverá a arrastrarnos al fondo de nuestros problemas.

Cuando les digo que tienen que abandonar una mala actitud, costumbre, ambiente, grupo, trabajo, etc., porque ahí está la fuente de sus problemas de salud física, mental o espiritual, la mayoría me dice que no es tan fácil romper, o, en otras palabras, que no están dispuestos a asumir las responsabilidades y consecuencias que se deriven de tomar una decisión tajante y determinante.

Yo los comprendo y sé lo difícil que resulta terminar

con una situación a la que estamos acostumbrados, por mala que esta sea, pero nadie ha dicho que el camino de la evolución sea fácil. Lo único que les pido, entonces, es que no se engañen creyendo que han subido un peldaño en el nivel de consciencia de forma parcial, porque no se puede subir parcialmente a ningún lado, de la misma manera que no se puede estar un poco muerto, un poco embarazada o decir un poco la verdad. Las cosas se hacen o no se hacen, y aunque sí se puede mejorar, y mucho, como personas, como seres espirituales y en el campo de la salud a través de la terapia dinámica con los chakras, no se puede pretender tener una elevación de conciencia espontánea sin haber puesto nada de nuestra parte, o con haber puesto solo un poco y en un campo determinado.

En Batán (región mágica y religiosa situada entre la India y China), los monjes del budismo tántrico empiezan el camino de su ascenso espiritual prácticamente al nacer. Es más, si seguimos la línea de las sucesivas reencarnaciones en la que ellos creen firmemente, podríamos apuntar que de hecho han empezado a buscar la elevación de consciencia hace cientos o quizá miles de vidas.

Para muchas religiones el sentido de la vida y la existencia es la elevación del ser humano hasta los planos divinos; hasta el estado de iluminación que representa el Nirvana, o simplemente hasta el Cielo.

El camino no es nada sencillo, porque además de los impedimentos que podemos encontrar en este maravilloso planeta, nacemos revestidos de un traje de carne y hueso, el cuerpo humano, susceptible de fallos y carencias que pueden transformarse en enfermedades a lo largo de nuestra vida.

La astrología viene diciéndonos desde hace casi seis mil años que cada uno de nosotros, dependiendo de la fecha de nuestro nacimiento, contamos con una serie de puntos débiles situados estratégicamente en nuestro organismo, que el día de mañana pueden dar lugar a males y enfermedades.

Para algunos contar con una serie de carencias nada más nacer, es una especie de maldición; mientras que para otros estas mismas debilidades no son más que pruebas que hemos de superar vida tras vida hasta lograr la liberación, porque de la misma manera que estos partos señalan nuestras debilidades, también indican nuestra fortaleza, y es que no hay moneda que tenga una sola cara, ni hay yang sin yin, ni negativo sin positivo.

La astrología, madre de tantas y tantas ciencias, ha pasado a ser más un arte adivinatorio o una distracción en el periódico que un verdadero conocimiento. Todos deberíamos tomar consciencia de nuestro ser, pero para tomar consciencia de nosotros mismos antes tenemos que empezar por conocernos, y ya que no contarnos con la memoria de nuestras vidas pasadas como para hacer mayor el bagaje, y el aprendizaje de lo que somos más sencillo, por lo menos deberíamos empezar por enterarnos cuáles son las fuentes de nuestros males.

Aries, reflexión consciente

Aries es un signo accidentado que tiene su punto débil en la zona de la cabeza, afectando a los chakras sexto y séptimo, conectados a los chakras primero y segundo por los nadis, con lo que además deberá cuidar sus órganos sexuales y sus sistemas circulatorio y muscular. Por supuesto, sus apetitos y pasiones tienden a ser desmesurados, por lo que a menudo se aficiona a malas actitudes y vicios.

Aries debe y puede elevar su nivel de consciencia superando el impulso ciego que lo mueve por la vida, cosa que solo puede lograr a través de la reflexión.

Tauro, creación consciente

Tauro es un signo indeciso que tiene su punto débil en la garganta, afectando el quinto chakra, que además está conectado directamente con el tercer chakra fundamental, por lo que no es nada raro que además tenga problemas nerviosos, de equilibrio, de corazón, de estómago y que de vez en cuando tenga la curiosa tendencia a sentirse el rey del mundo.

Tauro puede y debe elevar su nivel de consciencia consolidando y dirigiendo su esfuerzo a través de lo que crea y hace, lo que administra, lo que siembra, lo que ahorra, y lo que cosecha, por lo que el arte, en cualquiera de sus facetas, es una buena vía de desarrollo y evolución personal.

Géminis, unificación consciente

Géminis es el signo de la dispersión, y la astrología nos viene diciendo desde hace miles de años que padece de los pulmones, las vías respiratorias y los brazos. Además, está directamente relacionado con la glándula timo, es decir, con el cuarto chakra, justamente el chakra encargado de conectar los tres chakras fundamentales con los tres chakras superiores, por lo que no es nada raro que los y las Géminis sean los más hipocondríacos del zodíaco, es decir, los que más enfermedades imaginarias padecen, como si quisieran absorber todos y cada uno de los puntos débiles de los demás.

Géminis puede y debe elevar su nivel de consciencia centrando su pensamiento en un solo objetivo, es decir, aprendiendo a centrarse y concentrarse, porque esa es la única vía para evitar que su mente vaya por caminos ajenos o diferentes a su cuerpo y a su espíritu.

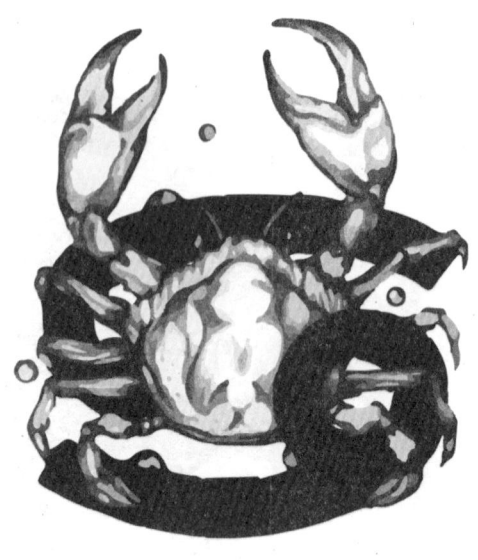

Cáncer, amor universal consciente

Cáncer, signo de la recepción, como puente entre el tercero y el cuarto chakras, tiene sus puntos débiles en el pecho y el estómago, pero su conexión lunar con el segundo y el sexto chakras incide directamente sobre su estado psíquico y emocional, sin dejar de lado la fertilidad y la sexualidad. Por una parte, este signo es resistente y hasta es capaz de curar a los demás, pero por la otra es uno de los que mayores debilidades tiene.

Cáncer puede y debe elevar su nivel de consciencia liberándose de las emociones, sublimándolas en verdadero amor. De hecho, Cáncer ya nace un poco despierto, pero debe superar sus propios temores para despertar del todo.

Leo, el Yo consciente

Leo, signo del Yo, está conectado directamente con el tercer chakra, que se refleja fuertemente en el segundo y el cuarto chakras, por lo que no es nada raro que sus debilidades vayan desde el corazón hasta el estómago, el sistema linfático, a la vez que se extienden por el sistema nervioso y la columna vertebral, y saber las debilidades de Leo no es cuestión de magia ni de sabiduría, sino de simple repetición astrológica.

Leo puede y debe elevar su nivel de consciencia, dejando de alimentar su ego y su orgullo para convertirse en un ser verdadero, en lugar de continuar siendo pura apariencia. Leo tiene la fuerza y el poder, pero rara vez sabe cómo convertirlos en verdadera aspiración divina.

Virgo, humildad consciente

Virgo, centrado en la vocación de servicio, es el primer signo humano (Géminis en realidad está representado por dos columnas, y no por unos mellizos humanos), y tiene su punto débil en las tentaciones y en los intestinos. Está conectado a los chakras tercero y cuarto, pero no de una forma plena, y eso hace que le cueste centrarse en una sola línea de pensamiento, o bien, que cuando lo hace lo haga de una manera obsesiva.

Virgo puede y debe elevar su consciencia a través de la virtud, el servicio y la humildad, aprendiendo a descubrir y superar sus propias limitaciones, defectos y debilidades, para despertar, mejorar y convertirse en un verdadero ser humano, porque solo convirtiéndose en un verdadero ser humano íntegro y solidario, puede aspirar a la elevación espiritual.

Libra, equilibrio consciente

Libra, es el único signo representado por un objeto, el objeto que busca el equilibrio. y tiene sus puntos débiles en riñones, piel y carácter. Está conectado con los chakras quinto y sexto, pero generalmente se refleja con más fuerza en el segundo chakra fundamental, sobre todo cuando no está equilibrado; por eso Libra puede llevar una larga vida de armonía y felicidad, o de enfermedades crónicas y padecimientos.

Libra puede y debe elevar su nivel de consciencia a través de la armonía y el equilibrio, pesando sus propios valores y armonizando el ambiente, enfrentándose y venciendo a su propia parte negativa. Libra puede ser perfectamente el sanador mental y a distancia del zodíaco, un verdadero médico de almas, pero antes debe experimentar, aprender a desarrollar sus posibilidades en sí mismo.

Escorpio, renacimiento consciente

Escorpio, como signo de destrucción y renacimiento, es el signo de los grandes conflictos internos, pero también de la iniciación. Sus puntos débiles se centran en sus órganos sexuales, aspecto que lo conecta directamente con el primero y segundo chakras fundamentales. Su etapa más difícil es la del nacimiento y se extiende hasta los siete años de edad, y si supera sus enfermedades infantiles o no las convierte en crónicas, es uno de los más saludables y fuertes signos del zodíaco, aunque, por supuesto, el más autodestructivo.

Escorpio debe y puede elevar su nivel de consciencia a través del renacimiento espiritual en vida, abriendo las puertas de la percepción y el alma. para que la luz divina acabe con los seres de las sombras que le atormentan.

Sagitario, espiritualidad consciente

Sagitario es el signo de la religión y la espirituaidad, pero puede convertirse fácilmente en el signo del fanatismo. Sus puntos débiles se centran en el sistema muscular. Las caderas, el recto y el intestino grueso. Está conectado tanto con el séptimo como con el segundo chakras, pero apenas si se refleja en el séptimo y de ahí su tendencia al nerviosismo. Al igual que Escorpio, pasa por ser uno de los signos más fuertes y sanos, y aunque no se autodestruye, sí es fácil que caiga en el pesimismo, la negación, la represión y los excesos.

Sagitario debe y puede elevar el nivel de consciencia a través del estudio, el entendimiento y el conocimiento, siempre y cuando no se deje atrapar por el brillo deslumbrante de las ideas o del dinero. A Sagitario solo le falta un punto para estar despierto (creer en sí mismo), pero a veces es precisamente este punto el más difícil de superar, tanto por Sagitario como por cualquier otro signo.

Capricornio, sabiduría consciente

Capricornio es el signo más elevado del zodíaco y siempre está colocado a las puertas de la liberación. Huesos y articulaciones son sus puntos débiles más acusados, sobre todo en la zona de las rodillas, pero también tiene incidencias de carácter con la ambición y el poder, así como en las enfermedades crónicas. No es el más fuerte del zodíaco, pero sí el más longevo, por lo que debe luchar desde la infancia, pasando por la madurez y la senectud, por una mejor calidad de vida. Está conectado con el primero y el séptimo chakras, y por eso a veces tiene problemas sexuales o dificultades con algunas enfermedades nerviosas.

Desde hace miles de años la astrología viene enseñándonos que Capricornio puede y debe elevar su nivel de consciencia a través de la experiencia y la sabiduría, porque solo la experiencia y la sabiduría pueden abrirle la puerta de la liberación terrenal de una vez y para siempre. Para llegar a este punto no importa su apariencia externa ni su graduación intelectual ni su posición social, lo que importa es que viva de adentro

hacia afuera y no de afuera hacia adentro: que se co-
nozca y se reconozca como un Verdadero Ser capaz de
elevarse sin despreciar ni materia ni mente ni espíritu.

Acuario, humanidad consciente

Acuario es el signo del ser humano, y su principal
conexión, aunque no sea consciente de la misma, es con
el séptimo chakra, y de ahí que sus principales debilidades sean los cinco sentidos y las funciones cerebrales.
También se refleja en el primer chakra fundamental,
lo que incide en sus huesos, sentido del equilibrio y
articulaciones, así como en debilidad sexual, frialdad
y hasta esterilidad en caso de fuerte bloqueo.

Acuario puede y debe elevar el nivel de consciencia
a través de la filantropía universal, el conocimiento, la
visión, el crecimiento mental, la dedicación al humani-
tarismo y a la humanidad, y el acercamiento espiritual
por la vía de la razón, el aprendizaje, la comprensión,
el conocimiento y la sabiduría, madurando lo apren-
dido y aceptando su papel en el plan universal divino,
que no es otro que la evolución de la humanidad para
preñar de vida el universo entero.

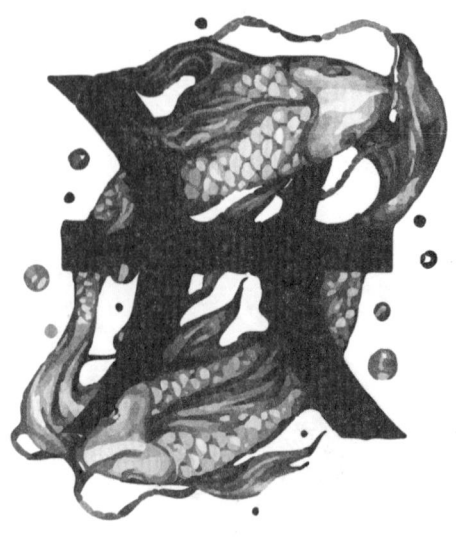

Piscis, sensibilidad consciente

Piscis es el signo donde se resume todo el zodíaco, y por tanto el que más cargas y debilidades tiene. Su debilidad clásica se centra en el hígado y los pies, pero también las dependencias, los vicios, las depresiones y la atonía pueden hacerle mella. Está conectado con el segundo y el sexto chakras, en primer lugar, pero también con el séptimo chakra superior en todo lo que se refiere a funciones hormonales.

Piscis puede y debe elevar su nivel de consciencia a través de la empatía, sensibilidad, emociones positivas, ayuda a los más necesitados, sin olvidarse ni por un momento de ayudarse a sí mismo. Piscis es un signo de aprendizaje a través del sufrimiento, pero también es un signo que puede liberarse a través de los grandes ideales y de las grandes empresas.

No hay que olvidar que el primer paso para elevar la consciencia es precisamente el conocimiento, un conocimiento que no es tal si no aprendemos de lo que nos informan, de lo que vemos, de lo que experimentamos y de lo que creemos que sabemos.

Podemos y debemos elevar la consciencia, pero tenemos que quererlo y poner en funcionamiento la voluntad para lograrlo.

Podemos y debemos elevar la consciencia, pero no podemos despreciar a nuestra propia materia y sus funciones porque gracias a ella estamos aquí y tenemos el primer atisbo de consciencia.

Podemos y debemos elevar el nivel de nuestra consciencia, pero ha de ser, inevitablemente, manteniendo en unión, equilibrio y armonía cuerpo, mente y alma, y esto se puede lograr precisa y paradójicamente, despertando a la consciencia, paso a paso, chakra a chakra, sacudiéndonos el miedo a ser y estar, y atreviéndonos a curarnos a nosotros mismos gracias a la guía del conocimiento propio o del terapeuta, sin olvidarnos que en esta vida estamos de paso y que son valiosas todas sus experiencias, incluso aquellas que no comprendemos o que nos molestan.

BIBLIOGRAFÍA

Chan, T'sao, *Feng shui para el cuerpo y el alma*, Abraxas, Barcelona, 1999.

Sabiduría oriental, Plutón Ediciones, Barcelona, 2019.

Edde, Gérard, *Chakras et santé*, Éditions de l'Originel, París, 1989 [Chakras y salud, Ibis, Barcelona].

Elenes, Francisco, *Medicina azteca: la fuerza del pedernal*, Total, Cuernavaca, 1980.

Gadalla, Moustafa, *The Untold History of Ancient Egypt*, Bastet Publishing, El Cairo, 1996.

Judith, Anodea, *Wheels of Life*, Llewellyn Publications, St. Paul (Minneapolis), 1987.

Leadbeater, C. W., *Man Visible and Invisible*, Quest Books, Wheaton (Illinois), 1987.
The Chakras, Quest Books, Wheaton (Illinois), 1994.

Reich, Eva, y Zornànszky, Eszter, *Lebensenergie durch Sanfte Bioenergetik, Kösel-Verlag*, Múnich, 1997 [Bioenergética suave, Abraxas, Barcelona].

Reich, Wilhelm, *The Discovery of the Orgone / The Function of the Orgasm*, Orgone Institute Press, Nueva York, 1989.

Rendel, Peter, *Introduction to the chakras*, Thorsons, Londres, 1979.

Sherwood, Keith, *Chakra Therapy*, Llewellyn Publications, St. Paul (Minneapolis), 1988.

Shine, Jake T., *Magia práctica con cristales y piedras preciosas*, Abraxas, Barcelona, 1998.

Sivananda Radha, Swami, *Kundalini Yoga for the West*, Timeless Books, Porthill, 1981.

Tatsay, Jay, *El libro divino de los chakras*, Plutón Ediciones, Barcelona, 2018.
          Yoga para estar en forma, Plutón Ediciones, Barcelona, 2018.

Vollmar, Klausbernd, *Chakren, Gräfe und Unzer*, 1989.

Wall Newhouse, Robert, *Los siete rayos de poder*, Plutón Ediciones, España, 2024.

ÍNDICE

Agradecimientos 9

Prefacio de la primera edición:
La Luz de lo alternativo 11

Prólogo a la segunda edición:
El poder inefable del Karma 15

Introducción: Qué es el hombre 23

PRIMERA PARTE:
LOS CHAKRAS

I: Qué son los chakras 37

II: Los nódulos articulares y los
chakras inferiores (Marmas y Nadis) 59

III: La enfermedad: ausencia de armonía.............71

IV: La salud: equilibrio espiritual,
emocional, mental y físico 83

V: Cómo funciona la terapia dinámica
con los chakras..91

SEGUNDA PARTE:
SALUD A TRAVÉS DE LOS CHAKRAS

VI: Primer chakra: Muladhara,
el chakra de la materialización 103

VII: Segundo chakra: Svadhisthana,
el chakra de las sensaciones 119

VIII: Tercer chakra: Manipura,
el chakra de la fuerza 139

IX: Cuarto chakra: Anahata,
el chakra del aliento divino 161

X: Quinto chakra: Vishuda,
el chakra de la manifestación 183

XI: Sexto chakra: Ajna,
el chakra de la iluminación 201

XII: Séptimo chakra: Sahasrara,
el chakra de la liberación 215

Conclusión:
¿Cómo elevar el nivel de consciencia? 231

Bibliografía 249